Découvrez l'histoire par les archives de presse

RETRONEWS
Le site de presse de la BnF

www.retronews.fr

26e ANNÉE   1908   1er TRIMESTRE

BULLETIN TRIMESTRIEL

de la

Société de Géographie

COMMERCIALE

De Nantes

NANTES

IMPRIMERIE C. MELLINET — BIROCHÉ ET DAUTAIS, SUCC^{rs}

5, Place du Pilori, 5

1908

SOMMAIRE

8 photogravures

Comptes rendus analytiques des Séances

SÉANCE DU VENDREDI 8 NOVEMBRE 1907

Présidence de M. LINYER, Président

La séance est ouverte par des recommandations faites concernant l'évacuation plus rapide de la salle. Dorénavant, les personnes ayant pris place dans les tribunes emprunteront les portes situées aux extrémités latérales.

Il est ensuite procédé à l'admission de neuf nouveaux membres :

La Comtesse de Becdelièvre,
Madame de Joannis,
Madame Victor Riom,
M. le Préfet de la Loire-Inférieure,
Le baron Gaëtan de Wismes,
Le Colonel Hugé,
M. Georges Chevallier,
M. Gautier, Directeur de la Compagnie du Gaz,
M. Alfred Aubert, percepteur.

La parole est ensuite donnée à **M. MAURICE SCHWOB,** ancien élève de l'Ecole Polytechnique, Directeur du Phare de la Loire, qui a pris pour thème de sa conférence : « **L'EAU ET LES ARBRES.** »

M. Schwob montre une photographie astronomique de la planète Mars et nous en donne succinctement l'explication :

Il y a quelques années, on parlait vaguement de mers bleuâtres et de continents couverts de végétation. Tout cela n'était que fiction ; des observatoires créés dans les régions où le ciel est très pur, dans les Montagnes Rocheuses notamment, et dotés de puissants instruments, nous ont appris que Mars n'a pas de mers.

Aux deux pôles, deux calottes de neige d'inégale importance, l'une d'elles presque complètement fondue. Les régions qui avoisinent le pôle sud sont figurées sur la carte par une masse sombre et verdâtre. Elles se foncent à mesure que l'été avance pour prendre des tons roux en automne, et disparaître presque complètement en hiver : c'est la végétation.

Partant de la région polaire, des lignes droites se croisent systématiquement indiquant la main d'êtres intelligents : ce sont **des** canaux d'irrigation qui prennent l'eau de fusion des pôles et la refoulent lentement à travers les déserts. Mais, quelles peuvent être les machines formidables qui fournissent une semblable poussée ? Voilà un mystère qui n'est pas près d'être résolu.

Aux croisements des canaux, on distingue nettement des points sombres qui sont de vastes oasis, refuge constant des habitants de Mars autour de leurs dernières réserves d'eau.

C'est donc seulement par un véritable triomphe de l'art des ingénieurs que la vie persiste dans notre planète sœur. Combien eût-il été plus simple de prolonger une existence douce et facile en empêchant la création du désert.

Fuyons, dit le conférencier, ce cauchemar astronomique et redescendons vite sur notre terre, encore si belle, si verdoyante, si parfumée de fleurs innombrables, si pleine de vie et de charme.

Nous pouvons encore la sauver, prolonger son existence pendant des centaines de milliers d'années. Mais il n'est que temps : il faut aménager nos eaux courantes, emmagasiner les crues au lieu de les laisser s'écouler vers la plaine qu'elles ravagent après avoir détruit la montagne. Si nous constituons en montagne et dans les hautes vallées des réservoirs susceptibles de retenir l'eau des crues pour la rendre dans la saison sèche, notre climat nous assurera, par la régularité de nos forces hydrauliques, une supériorité sur les pays où l'hiver glace tout mouvement.

Nous possédons les Vosges, le Jura, les meilleurs versants des Alpes et des Pyrénées, et enfin ce beau Massif Central, aujourd'hui aride et dénudé, alors qu'il devrait être la base de notre puissance, notre épine dorsale, comme il fut jadis le dernier centre de résistance à l'envahisseur.

Où prendre un pareil exemple, où recueillir une pareille leçon ? En allant en forêt, demander à la Nation des Arbres ce qu'elle peut avoir à dire à une Nation d'Hommes.

Un forestier nous dira qu'une licence absolue, livrant tout à la fantaisie, donne la forêt vierge impénétrable où la liane nuisible et parasite tue l'arbre le plus beau sous son étreinte. Mais il dira aussi qu'une réglementation excessive, des coupes à blanc, donnent une forêt sans vigueur.

Le meilleur des régimes est une sage liberté où le garde n'intervient que pour empêcher les gros arbres puissants, les parvenus, d'étouffer les jeunes générations qui aspirent à se faire à leur tour leur place au soleil !

Seules aussi les terres ingrates, celles où l'arbre peine, lutte et se défend, nous donnent les chênes puissants et noueux, à fortes ramures, au cœur imputrescible, défiant les siècles et les orages, restant debout, comme foudroyés pour lancer vers le ciel deux troncs nouveaux au lieu d'un. Ces terrains de granit font aussi les peuples rudes et forts.

Voilà donc ce que disent les arbres. Il faudrait, pour les mieux écouter, aller vivre près d'eux. Le jour où nous aurons restauré nos montagnes, des populations entières seront en contact avec les arbres, et cette communion directe avec la Nature transformera, dans bien des cas, l'âme humaine.

L'émigration industrielle se dirigera vers les hautes vallées. Au lieu de la mine de houille, profonde, malsaine, sinistre, d'où le mineur sort hâve et vieilli avant l'âge, nous aurons l'usine de force hydraulique en pleine montagne, en pleine forêt.

Dans ce cadre admirable, l'homme, régénéré par la Nature, sera meilleur parce que plus heureux.

Et ces Villes de Force, avec leur population d'ingénieurs et de mécaniciens, enverront leur énergie dans les plaines dont la culture sera facilitée par les engrais fabriqués en montagne en captant l'azote de l'air, par la distribution de l'eau devenue abondante, et par une large répartition des forces motrices.

Nous pouvons, en tirant partie de ces réserves, prendre la grande revanche industrielle, et notre domaine hydraulique organisé peut nous créer une situation durable, aussi belle que la situation passagère que l'Angleterre doit depuis cent ans à son domaine houillier.

L'eau bienfaisante, arrivant dans nos plaines fertiles, peut nous assurer encore une prééminence agricole incontestable.

Enfin, elle remettrait en usage, pour la navigation intérieure, l'admirable éventail de nos fleuves français, qui nous permettent d'atteindre trois mers à la fois, et qui, reliés entre eux, feraient de nous la porte d'entrée et de sortie de l'Europe Centrale vers toutes les directions.

Le reboisement seul, avec l'aménagement des pâturages peuvent nous sauver. Cette opération est infiniment profitable en elle-même et rembourse, avec des intérêts usuraires, par le produit des bois et des pâturages, les capitaux qu'on y consacre.

Dans les hautes vallées du Doubs et dans le Jura, de nombreux villages doivent leur prospérité à la mise en valeur de leurs landes communales. Ces landes

ont été reboisées, des réserves abritées ont été ména-
gées pour permettre la création de pâturages aujourd'hui
prospères grâce à l'humidité de la forêt voisine.

Pour arriver à de tels résultats, que faut-il faire ?
Peu de grands gestes, pas d'efforts démesurés, une
organisation raisonnable, et surtout une union étroite
de tous les Français, en dehors des tempêtes de la
politique.

A ce moment, on verra l'agriculture nouvelle, devenant à son tour une source d'énergie, résoudre ce
curieux problème de reconstituer à la surface du sol
un combustible précieux, et de remplacer par l'alcool
industriel une partie de la houille et du pétrole que
nous commençons à épuiser dans les entrailles de la
terre.

L'eau, coulant à foison, épurera, assainira la
demeure des hommes. Elle nous donnera aussi, si
nous savons l'ensemencer et la cultiver comme nos
champs, une ample récolte de poissons.

L'eau nous donnera enfin la propreté et la santé
physiques, première condition de la propreté et de la
santé morales.

Le conférencier termine sa très instructive causerie
en nous faisant l'histoire d'une petite goutte d'eau. Il
nous la montre sortant de terre, coulant doucement
de brin d'herbe en brin d'herbe, se réunissant à ses
compagnes. C'est alors que d'un jet puissant elle mettra
en mouvement la turbine, produisant une force utile,
se transformant en lumière, en chaleur bienfaisante.
De rivière en fleuve, la petite goutte d'eau retombe
dans le grand Tout, dans l'Océan.

Et, ce n'est pas sa fin, car une chaleur bienfaisante
l'appelle, légère, elle s'élève vers l'astre qui réchauffe

le monde, un courant d'air la condense et précipite vers la terre assoiffée qui absorbe la petite goutellette de pluie. Elle va donc renaître et recommencer avec ses compagnes le cycle déjà parcouru.

M. le Président remercie M. Schwob de la conférence très littéraire qu'il vient de faire, et lui remet la plus grande médaille dont puisse disposer la Société.

SÉANCE DU VENDREDI 15 NOVEMBRE 1907

PRÉSIDENCE DE M. LINYER, PRÉSIDENT

Il est tout d'abord procédé à la réception de cinq nouveaux membres :

> Le baron Christian de Wismes,
> Le Commandant de Larminat,
> Le Capitaine Peltier,
> M. Charles Bellocq,
> M. Noisette, architecte.

La parole est ensuite donnée à **M. GALLOIS**, le publiciste bien connu, qui fit la narration de l'important voyage qu'il accomplit récemment **AUTOUR DE L'AMÉRIQUE DU SUD.**

Une courte escale dans les Antilles anglaises, et nous constatons leur grande prospérité. Nous jetons un coup d'œil sur **LA TRINITÉ** île très fertile produisant en grand le sucre et le cacao ; ses habitants presque tous nègres ou mulâtres ont pour langage usuel le créole français, le pays tenant ses premiers éléments de colonisation des Antilles françaises.

Puis, M. Gallois nous donne une idée de ce que peut être le **VÉNÉZUÉLA**, vaste contrée de deux fois et demi plus importante que notre France, mais insuffisamment peuplée et trop souvent décimée par les guerres civiles.

Le littoral vénézuélien, en général bas et marécageux dans sa partie occidentale (lagune de Maracaïbo) est, dans sa partie orientale, serré de près par des montagnes qui le séparent du bassin de l'Orénoque. En arrière de cette chaîne, la ramification orientale des Andes Colombiennes. Un beau fleuve, l'*Orénoque*, allonge sur le territoire de cette république ses 2.370 kilomètres et roule de mai à novembre d'immenses masses d'eau vers la mer des Caraïbes. Sur ses rives, de vastes forêts où la végétation équatoriale se déploie dans son exubérante variété. A ces richesses agricoles s'ajoutent des richesses minières, et cependant bien peu prospère est ce pays qui, sous le gouvernement du Président Cipriano Castro, ne peut acquérir le calme et la stabilité dont il a si grand besoin.

En **COLOMBIE**, république voisine, le climat du littoral est chaud et malsain, puis il passe par toutes les gradations à mesure qu'on s'élève. Les Andes, véritable épine dorsale de l'Amérique du Sud ; s'y déploient ici en une triple chaîne et récèlent des mines d'or et d'émeraude, richesses en majeure partie inexploitées faute de bras et surtout de moyens de transport. Le 3 novembre 1903 éclata, dans l'isthme de Panama, territoire Colombien, un soulèvement qui amena la formation de ce pays en Etat. Cette révolution était depuis longtemps prévue, car d'incessantes rebellions attestaient, depuis un demi-siècle, l'état d'insubordination de l'isthme. Mais, de fait, la tentative des citoyens de Panama eut été vaine sans l'appui des Etats-Unis qui, par le traité du 18 novembre, consacrèrent leur main-mise sur le canal. Trente mille ouvriers poursuivent aujourd'hui l'œuvre dont la France avait pris l'initiative. Les Américains font là preuve de beaucoup d'intelligence et de tenacité, et arriveront au but depuis si longtemps poursuivi.

Après escales dans quelques ports équatoriens et péruviens, M. Gallois nous décrit *Lima*, qui, encore aujourd'hui, conserve dans son ensemble le cachet architectural que lui imprimèrent ses premiers maîtres, les Espagnols. La capitale du **PÉROU** occupe sur la rive droite du Rimac et à quelques kilomètres de la mer un plateau triangulaire dont le rebord méridional s'élève à 146 mètres. Le climat manque de salubrité ; la fièvre et la dysenterie y font de nombreuses victimes. Lima possède les principales institutions de sciences et d'art de la république, notamment l'université de San-Marcos, la plus ancienne de l'Amérique méridionale. Par son port, *Callao*, auquel deux voies ferrées la relient, elle est en communication avec le monde entier.

La Cordillière des Andes, qui se développe parallèlement au littoral du Pacifique, présente des sommets élevés : le Misti (6.100 mètres), le Hualcan (6.721 mètres). Entre les différents plis de la chaine andine, s'élèvent de hauts plateaux entaillés de vallées profondes.

L'agriculture n'existe que dans la zone littorale ; partout ailleurs le manque de bras et de capitaux a empêché son développement. La principale industrie, outre celle du sucre, est encore aujourd'hui l'exploitation des richesses minérales : or, argent, cuivre, plomb, qui abondent au Pérou.

La loi militaire impose à tout homme du territoire
l'obligation de servir de dix-neuf à cinquante ans.
Une mission française est chargée d'éduquer l'armée
péruvienne. Elle constitue un des éléments de la colonie française, assez nombreuse, qui figure en ce pays.

Poursuivant son périple sud-américain, le conférencier arrive au **CHILI** qui déroule entre la Cordillière
et l'Océan ses 4.200 kilomètres de côtes. Pays étrange,
aux températures extrêmes : torride au niveau du désert
d'Atacama, glacial dans les parties élevées de la Cordillière, pluvieux sur tout le littoral.

Le Chili a une population de 4 millions d'habitants, en grande majorité de race blanche et d'origine
espagnole. Les Indiens (Araucans) y figurent au
nombre de 50.000 environ, et les étrangers (Allemands,
Anglais, Français et Italiens), au nombre de 90.000.

Les Andes chiliennes sont très élevées, et plusieurs
sommets y dépassent 6.000 mètres. Le *Copiapo*, le
Cerro del Mercedario, l'*Aconcagua*, tous volcaniques,
figurent parmi les géants de la Terre. Aussi, fréquentes
sont les secousses sismiques en ce pays, tristement
célèbre par le tremblement de terre du 17 août 1906,
qui ébranla son sol et détruisit ses deux cités maî-
tresses : *Santiago* et *Valparaiso*.

Valparaiso fut plus particulièrement atteinte. Dans
la ville basse, aux environs du port, tous les édifices
furent renversés, en même temps que le chemin de fer
de Valparaiso à Santiago était détruit. Trois cents personnes au moins trouvèrent la mort, et comme à San-
Francisco, l'incendie suivit sur bien des points l'écrou-
lement des maisons. Le pillage, qui est l'accompagne-
ment nécessaire des grandes catastrophes, fut sévèrement réprimé. Ces malheurs survinrent précisément

au plus fort de l'hiver austral, mettant sans abri plus de cinquante mille personnes.

La capitale du Chili, Santiago, est une ville aristocratique et administrative. Largement et agréablement bâtie sur le *Malpocho*, torrent descendu des Andes, elle est la résidence du président de la république. La colonie française y est nombreuse. Là aussi les monuments ont un caractère espagnol. La cathédrale, du XVIIIᵉ siècle, est de proportions imposantes.

Par le passage de la *Cumbre* qui, à 3.927 mètres d'altitude, s'ouvre au pied de l'Aconcagua, M. Gallois pénètre en territoire argentin.

Une voie ferrée, suivant un long et fastidieux parcours, traverse de l'ouest à l'est la **RÉPUBLIQUE ARGENTINE**, conduisant à sa capitale : *Buenos-Ayres*, ville au périmètre imposant, située sur un des plus grands estuaires qui soient au monde. Ce qui domine dans le territoire argentin, le plus grand de l'Amérique du sud, après celui du Brésil, ce sont les plaines et les plateaux. Au nord, le *Gran Chaco*, avec ses solitudes encore imparfaitement explorées, ses cours d'eau frangés d'arbres, ses savanes et ses fourrés inextricables ; au centre, les *pampas*, immenses plaines herbeuses qu'interrompent seules quelques ondulations ; au sud, le *Plateau de la Patagonie*, où des croupes pierreuses alternent avec des vallées fertiles.

La population de l'Argentine se compose pour un peu plus de moitié d'Argentins proprement dits, descendants des anciens colons espagnols, mélangés aux Indiens et aux nègres ; l'autre moitié a été fournie par l'immigration d'Europe.

Une grande partie de la population vit dans les villes : *Rosario, Cordoba, la Plata, Santa-Fé, etc.*

L'Argentine est, avant tout, un pays d'élevage qui nourrit des millions de chevaux, de bêtes à cornes et particulièrement de moutons. Les bergers par excellence sont les *gauchos* à cheval, surveillant à deux ou à trois un troupeau de plusieurs milliers de têtes. Grâce à ses immenses troupeaux, l'Argentine vient au second rang parmi les pays producteurs de laine, immédiatement après l'Australie, avant les Etat-Unis et la Russie.

Appelée par son fondateur Mendoza, *Puerto de Santa-Maria de Buenos-Ayres*, Buenos-Ayres est située dans une admirable situation sur la rive droite du Rio de la Plata, large en cet endroit de 46 kilomètres. C'est une belle ville, dont les rues, tirées au cordeau, sont bordées de larges trottoirs ; les maisons bien construites n'ont qu'un rez-de-chaussée surmonté d'une terrrasse. Buenos-Ayres manque malheureusement d'un bon port et ne tardera pas à être supplantée par *La Plata* construite plus près de la mer.

Et c'est par le **BRÉSIL** que le conférencier termine son important voyage, décrivant cet Etat, le plus vaste de l'Amérique du sud. Ses côtes immenses, longues de plus de sept mille kilomètres, sont, dans le nord, basses et marécageuses, au sud rocheuses et découpées. Ses fleuves comptent parmi les plus longs qu'il y ait au monde. Au premier rang vient l'*Amazone*, avec ses 6.400 kilomètres.

Successivement espagnol et portugais, le pays vécut jusqu'au 15 novembre 1889 sous le gouvernement de l'Empereur Doñ Pedro, qui exerça toujours son influence dans le sens du développement de l'instruction publique et du progrès économique.

Rio de Janeiro, la capitale, n'a pas de beaux monuments, mais a du moins d'incomparables jardins. Bâtie sur un sol mouvant, soumise à un climat particulièrement chaud et humide, Rio est une cité malsaine. C'est une place de commerce des plus importantes qui exporte surtout le café et le caoutchouc.

M. Gallois met en relief l'influence que nous possédons encore là bas. De nombreuses projections viennent, vivants témoignages, s'ajouter à l'intérêt du récit de ce lointain voyage.

M. le Président souhaite que M. Gallois, qui sut déjà souvent nous intéresser, revienne encore prendre la parole en cette salle.

Il lui remet une médaille d'argent.

SÉANCE DU VENDREDI 29 NOVEMBRE 1907

PRÉSIDENCE DE M. LINYER, PRÉSIDENT

Après avoir procédé à la réception, comme membres de la Société, de :

MM. Guicheteau, ancien magistrat.

Hergot, Juge de paix.

Ogereau.

Gustave Boutin.

Duval, docteur en médecine,

le Président donne la parole à **M. BORDAT** qui veut bien nous entretenir du **JAPON TEL QU'IL EST.**

M. G. Bordat était très qualifié pour parler de ce pays où il fit un long séjour, pour nous entretenir des us et coutumes de ce peuple que ses récentes victoires ont placé parmi les premiers :

L'Europe, mal renseignée, s'est, jusqu'à ces derniers temps, fait du Japon une idée réellement inexacte. Elle considérait ses habitants comme des personnages de légende, des figures de potiches animées, drôlatiques et gracieuses qu'il était impossible de prendre au sérieux. Puis, lorsque ce pays eut infligé au vieil empire chinois les défaites retentissantes que l'on sait, eût ruiné la puissance asiatique des Russes, qui semblait si solidement établie, grande fut la panique qui s'empara de tous. La France trembla pour l'Indo-Chine, les Etats-Unis pour les Philippines, et on se demanda si, un jour, ce peuple, entraînant les Chinois, ne se précipiterait pas à la conquête de l'Europe, renouvelant ainsi l'ère des grandes invasions.

Cette opinion hâtive était manifestement exagérée ; car, si les Japonais ont de réelles et sérieuses qualités, ils ont aussi leurs défauts, leurs points faibles, et M. Bordat, qui a vécu parmi eux, ne se refuse pas à reconnaître ces éléments d'infériorité.

Tout d'abord, un immense orgueil qui va jusqu'à la présomption, une confiance illimitée en eux-mêmes. Ils ont voulu faire trop grand en un temps trop court. Ils ont grandi trop vite dans leur antique armure laquée qui les enserre étroitement et dont ils ne peuvent se dégager.

Le Japon est le pays de l'héréditaire imprévoyance. Il ne connaît pas l'épargne. Qu'il soit commerçant, ouvrier ou fonctionnaire, le Japonais ne met jamais quelque argent en réserve ; il dépense aussitôt qu'il gagne, et cette insouciance n'est pas un des moindres charmes de ce pays, où tout le monde semble heureux de vivre, où les paysages paraissent faits pour le plaisir des yeux.

Au point de vue industriel, la traditionnelle présomption japonaise n'est pas sans de réels inconvénients. Le Nippon est persuadé que toutes les inventions qu'il a empruntées à l'Europe ont été réalisées par lui ; il a congédié presque tous les ingénieurs qui, jusqu'ici, lui avaient apporté leur concours, et se trouve parfois embarrassé, car s'il possède un réel génie d'assimilation, il semble mal doué quant. aux facultés créatrices.

Merveilleuses sont certaines œuvres d'art sorties de mains japonaises, mais si le Nippon est artisan émérite, il est ouvrier d'usine inférieur. Irrégulier dans son travail, il est nécessaire de le surveiller d'une façon constante. Il ne paraît pas à l'usine les jours qui suivent la paie. C'est une alternance de travail et de plaisir qui convient à son caractère insouciant, mais fort peu à une exploitation régulière.

D'autre part, les capitaux 'lui font défaut.

La piété filiale, prescrite par une de leurs lois de chevalerie, est observée avec la plus parfaite exactitude. En vertu de cette coutume, dès que le père et la mère ont atteint un certain âge, c'est à leurs enfants qu'il appartient de pourvoir à toutes les nécessités de leur existence. C'est un point d'honneur dont se piquent les familles de toutes conditions, point d'honneur qu'entretient le culte des ancêtres. De telle sorte que les ascendants, au lieu de constituer un héritage à leurs enfants, se laissent vivre, au jour le jour, sans préoccupation d'avenir. C'est là un usage contraire à l'épargne, à l'accumulation des capitaux, et par suite à l'intérêt général. Un pays sans capitaux, et n'offrant que des garanties illusoires à l'épargne étrangère, se trouve nécessairement dans un état d'infériorité.

Parallèlement à ces quelques défauts, M. Bordat met en évidence les immenses qualités de ce peuple, qui compte maintenant parmi les plus puissants.

Ses récentes victoires ne sont-elles pas dues à l'amour qu'il porte à sa patrie et à l'empereur qui en est le symbole. Son pays est celui que les dieux affectionnent entre tous, celui où s'accumulent toutes les merveilles ; sa race est ornée de tous les talents, de toutes les supériorités, ses lois sont des modèles, ses soldats sont des héros. Cette mentalité a pour substratum tout un passé de traditions dont aucun ne songe à s'affranchir, les tenant pour les plus sages, les plus nobles et les plus belles qu'on puisse concevoir.

L'homme aux deux sabres ne rêvant que gloire et combats, tel a été pendant des siècles l'idéal du royaume du Soleil-Levant. Il personnifiait l'honneur et la gloire. Le Samouraï, brave, féroce même, dur aux paysans, et surtout ennemi des étrangers, recherchait partout la gloire. Pour montrer en lui la puissance de l'esprit sur la matière, il s'ouvrait le ventre, accompagnant cette mort d'infinis raffinements de cruauté. On portait des fleurs sur le tombeau des victimes de l'harakiri, on y brulait de l'encens, on exaltait leur mémoire, on demandait aux dieux la faveur de les imiter. La mémoire des quarante-sept Ronins est encore vénérée de nos jours par tous les Japonais.

Les seules métiers dignes du Samouraï étaient ceux de soldat ou de médecin.

Par suite, le négoce était abandonné aux gens de basse condition. Le commerce ne s'est pas relevé de ce discrédit.

Après avoir examiné la situation économique, M. Bordat jette un coup d'œil sur les mœurs et coutumes.

Le Japonais a un sens esthétique très prononcé, il aime naturellement le beau. Aussi ce peuple à t-il produit des artistes comme l'inimitable Outamaru ou le prestigieux Hovkovsaï. Il faut reconnaître toutefois que l'art japonais est avant tout industriel. L'artiste ne voit rien au delà de la nature visible et matérielle, il ne cherche pas à réaliser dans ses œuvres des aspirations élevées. Très habile coloriste, s'ingéniant à produire des œuvres aux formes étranges, le Japonais se caractérise plus par le fini et l'habileté des détails que par la pureté du dessin.

D'une propreté idéale est l'intérieur des maisons. Construites en bois, les plus sompteuses comme les plus humbles, ne reposant d'ordinaire sur aucune fondation, elles sont aussi rapidement édifiées que démolies. Ce qui importe, c'est l'emplacement : il lui faut des alentours pleins de verdure, de fleurs, d'eaux vives, d'oiseaux et de pittoresque.

Comme devant un sanctuaire, on ôte ses chaussures avant d'y pénétrer. L'ameublement est des plus simples. Quelques nattes, coffrets, tables basses. Un brasero, allumé été comme hiver, appelé *hibatsi* est nécessaire pour préparer le thé si largement consommé. Le Japonais ignore l'usage des lits et des chaises. Il étend sur les nattes d'épaisses couvertures et s'enveloppe dans une longue robe de chambre.

Cette nudité des appartements se prête à la décoration. Aussi, y rencontre-t-on fréquemment des murs recouverts de remarquables fresques. Le vêtement est également très simple. Il se compose pour les deux sexes de *kemenos*, ample étoffe de coton, aux couleurs chatoyantes. Le nombre des kemenos juxtaposés varie suivant les saisons. Les chapeaux melon sévissent aujourd'hui avec fureur, et quelques grands élégants, fidèles encore à la robe de soie des ancêtres, font cependant une concession au goût moderne en se coiffant d'un haut de forme. Très nombreux sont, bien entendu, ceux qui sont entièrement habillés à l'européenne.

Pierre Loti, qui consacra plusieurs de ses ouvrages au Japon, et qui fit de ce pays de si charmantes descriptions, s'écarte un peu de la vérité quand il parle de la famille. Madame Chrysanthème vaut mieux que sa réputation. Si elle est toujours gracieuse et d'une humeur égale, cela ne l'empêche pas d'être une femme sérieuse, une ménagère très avisée et surtout une mère très tendre. Les enfants, idoles de leurs parents, reçoivent de bonne heure une éducation soignée.

En harmonie avec les mœurs dont elle dérive, la religion nationale est le *shintoïsme*, culte des génies et des ancêtres. Elle exalte le Japon, son histoire et ses victoires. On trouve dans les temples des dieux pitoyables aux misères humaines qui guérissent tous les maux de ceux qui viennent les implorer.

Résumant ses impressions, M. Bordat estime qu'on a exagéré le péril jaune, ou du moins le péril japonais. Le Japon manque de capitaux, de prévoyance, de régularité dans le travail, de pondération dans ses entreprises. Mais ses succès militaires, sa maîtrise de la mer n'en font pas moins un rival redoutable dont il sera prudent de suivre de très près le développement.

Au nom de la Société de Géographie, M. le Président félicite M. Bordat, qui sut si vivement intéresser son très nombreux auditoire, et lui remet une médaille.

SÉANCE DU VENDREDI 6 DÉCEMBRE 1907

Présidence de M. PORQUIER, Vice-Président

Il est procédé à l'admission de cinq nouveaux membres adhérents :

Madame la Comtesse de Rochefort.
Madame Boullenger.
MM. Vergeot.
Barnaud.
Fleuriot.

Puis la parole est donnée à **M. POBÉGUIN**, ingénieur de la mission hydrographique du Maroc, pour développer le sujet auquel il avait lui-même donné comme titre : **LE MAROC ACTUEL.**

M. Pobéguin s'excuse de ne pas être un orateur. Tous ceux qui l'ont entendu sont unanimes à soutenir le contraire et nous sommes certains d'exprimer l'opinion générale en classant sa conférence parmi les plus intéressantes qui ont été données à notre Société.

Avec beaucoup de verve et d'esprit, M. Pobéguin nous fait une étude approfondie de cette question toute brûlante d'actualité. Deux heures durant, l'auditoire est captivé par le charme de sa parole ; sans cesse l'intérêt va grandissant. Une centaine de projections, choisies avec soin et habilement présentées en quatre séries, viennent corroborer l'exposé fait par le conférencier.

C'est d'abord un tableau géographique du Maroc, ce pays qui, du côté de la terre ne se connaît point de frontières. Une carte nous fait comprendre ce que l'on désigne sous le nom d'« île du Moghreb » ou « île du soleil couchant ». C'est bien une île, en effet, que cet ensemble de deux systèmes montagneux enfermant une vaste plaine et baignés au nord par les flots bleus de l'Océan et de la Méditerranée, et au sud par les sables du Sahara.

Il y a au Maroc des sommets dépassant 4.000 mètres d'altitude et des neiges perpétuelles.

Les vents d'ouest, chargés de vapeur d'eau, viennent se heurter à ces montagnes et produisent des pluies bienfaisantes. Il en résulte un système hydrographique plus développé que dans les régions voisines de l'Afrique du nord.

Le Maroc pourrait être beaucoup plus riche que l'Algérie. L'irrigation y présenterait moins de difficultés. Les cultures de toutes sortes devraient y être plus abondantes et plus rémunératrices. Mais la grande plaie de ce pays, ce sont ses habitants.

Les Marocains n'ont de préférences pour aucun métier en particulier. Ce sont des pillards avant tout. Ils pillent les étrangers; ils se pillent entre eux ; celui qui a le plus d'autorité est celui qui a volé le plus, qui a le plus pillé. On peut dire qu'ils n'ont de loi que la fourberie.

« On croit généralement, dit M. Pobéguin, que les Marocains sont musulmans. Ce ne sont en réalité que des fétichistes d'origine musulmane. » Leurs convictions religieuses n'ont pas pour eux l'importance qu'on leur attribue dans d'autres pays de l'Islam. Elles les aident surtout à mieux tromper le voisin et l'étranger.

Un mendiant sollicite une aumône. Le passant s'éloigne en disant seulement : « Dieu te donne. »

Un rendez-vous a été pris avec un guide pour le lendemain, telle heure. « Bien sûr tu y seras, je puis compter sur toi ? » — « Oui, oui, bien sûr, j'y serai !

inchallah! (si Dieu le permet) », et le lendemain à l'heure dite le guide est introuvable.

Le Coran interdit de porter une barbe hirsute. Tel marabout affecte d'en porter une aussi démesurée que sale. Cela prouve qu'il est un saint, parce que, s'il ne l'était pas, il n'oserait se permettre une aussi grave infraction à la loi de Mahomet.

Et ainsi de suite! Nous regrettons de ne pouvoir reproduire ici toutes les anecdotes que M. Pobéguin nous raconte d'une manière vraiment humoristique.

Une première série de projections nous montre l'état des principaux ports de la côte : Tanger, Rabat, Safi, Mazagran, Mogador, etc.... passent successivement sous nos yeux ; nous voyons la note caractéristique de chacun d'eux, et ainsi nous sommes initiés à l'architecture et aux divers aspects de ce curieux pays.

Voici des ruines, des bâtiments de la douane marocaine, des scènes de rue, un souk, une noria antique, un cimetière arabe, deux collines constituées par l'amoncellement des détritus sortis d'un quartier israëlite, etc.

Voici encore une forteresse construite par les Allemands pour le compte du Maroc. Son aspect est menaçant, mais on a oublié de mettre du ciment dans le béton de ses remparts et ses canons n'ont pas de valeur militaire !

Une deuxième série de projections fait défiler devant nous les divers types marocains et les métiers : fauconniers, jongleurs, charmeurs de serpents, potiers, sorciers aïssaoua, marabouts, juifs, etc., nous apparaissent tour à tour dans leur accoutrement particulier.

M. Pobéguin nous parle ensuite de la contrebande qui se fait au Maroc sur une plus grande échelle que partout ailleurs. Avec l'orateur nous franchissons la barre à Rabat, cette barre constituée par trois grosses lames à la suite et parallèles à la côte. Pendant les mois d'hiver il est souvent très difficile de la traverser. Les barcasses, sorte de chalands, sombrent fréquemment pendant leur court trajet entre les navires et la terre.

Dans les deux autres séries de photographies, le conférencier nous montre la vie qu'on mène à la Cour du Sultan et l'état de Casablanca avant et après le bombardement.

L'administration du pays est confiée au Maghzen, mais en réalité il n'y a au Maroc qu'un vaste état d'anarchie. Le Sultan passe son temps à des plaisirs frivoles. Un jour l'idée lui prend de s'offrir comme jouet un chemin de fer. On fait venir une voie Decauville avec des wagons, mais la locomotive reste en route. Les wagons tirés sur le sol par des ânes servent à promener les femmes du Sultan. La voie ferrée elle-même devient une piste pour les ânes et les piétons.

Autre fantaisie : le Sultan veut faire de la photographie. On commande à la maison Lumière les appareils les plus perfectionnés et, d'un coup, 10.000 douzaines de plaques.

Ainsi d'une automobile, de bicyclettes, de mitrailleuses, etc...

Une autre fois, le Sultan fait venir à grands frais de Constantinople des danseuses d'une grande beauté ! Avec quoi paie-t-on tout cela ? Avec l'argent prêté par les Européens au gouvernement (?) marocain !

Alors, que penser des garanties offertes aux millions français engagés dans l'empire chérifien ?

Et comment a-t-on pu jamais songer sérieusement à discuter et à traiter avec cette « absence de gouvernement » ?

Comment peut-il se trouver chez nous des gens ass-z
fous, ou d'assez mauvaise foi, pour protester, au nom
de l'humanité (!), contre notre intervention au Maroc?
Ce pays n'est-il donc pas encore à l'heure qu'il est un
repaire de bandits qu'on a trop tardé, pour la tranquillité
de l'Algérie, à assainir ?

M. Pobéguin fait un remarquable exposé des rapports
du Maroc avec l'Europe et démontre clairement le bien
fondé des réclamations de l'Espagne et de la France.
Les statistiques qu'il nous cite établissent que nous
faisons, à nous seuls, la moitié du commerce du Maroc
avec les autres puissances. Le chiffre total de nos
échanges se monte à sept fois celui de l'Allemagne.

M. Etienne s'est montré, à propos du Maroc, l'émule
de Jules Ferry en Tunisie ; c'est pourquoi on a donné
au nouveau port créé dans la baie du Lévrier, en face
du banc d'Arguin, le nom de « Port-Etienne. »

« Nous repoussons toute idée de conquête aventu-
reuse, conclut M. Pobéguin ; mais il faut qu'on sache
que la France va au Maroc pour soutenir ses droits
historiques, pour défendre ses millions, pour venger le
sang de ses soldats ! »

Une longue salve d'applaudissements salue cette péro-
raison. M. le Président adresse ses vives félicitations à
l'orateur et lui remet, avec le titre de membre correspondant de notre Société, une médaille d'argent comme
souvenir de cette belle conférence.

M. Pobéguin, au nom du Comité du Maroc qui l'a
envoyé, et en son nom, prie M. le Président de remer-
cier la Société de Géographie de Nantes de l'accueil qui
lui a été fait.

SÉANCE DU VENDREDI 13 DÉCEMBRE 1907

PRÉSIDENCE DE M. PORQUIER, VICE-PRÉSIDENT

M. FRANÇOIS, docteur en droit, ancien chef du cabinet du Gouvernement du Dahomey, rédacteur au Ministère des Colonies, avait choisi pour titre de sa conférence : **l'AFRIQUE OCCIDENTALE FRANÇAISE EN 1907.**

Après une description sommaire de la géographie du Soudan, du Sénégal, de la Côte d'Ivoire et du Dahomey, l'orateur nous montre comment ces divers pays ont pu former un tout, comment des anciens comptoirs côtiers nous sommes arrivés à établir cette belle et riche colonie qu'on désigne sous le nom d'Afrique occidentale française.

Que de changements survenus entre l'époque où les colonnes de Faidherbe, Archinard, Marchand, Binger, Dodds et tant d'autres encore, luttaient contre la barbarie de quelques potentats nègres, et l'époque actuelle où le pays est tranquille et travaille à l'exportation de ses richesses naturelles.

De 1890 à 1900, période féconde en heureux résultats, s'exécutait avec une rigoureuse méthode notre plan logique d'expansion coloniale. Partout se poursuivait avec succès le même effort de formation territoriale, le même souci d'assurer l'afflux vers les ports des riches produits de l'arrière pays.

L'œuvre commencée par les expéditions militaires et de nombreuses missions était bientôt complétée, ou mieux consacrée, par l'action diplomatique.

L'accord du 5 août 1890 définissait entre le Niger et

le Tchad une limite provisoire des possessions franco-
anglaises.

La convention du 21 janvier 1895, avec l'Angleterre,
fermait l'arrière pays de Sierra-Leone et réunissait la
Guinée Française au Sénégal, au Soudan et à la Côte
d'Ivoire.

Le traité franco-anglais du 14 juin 1898 reliait, en
arrière de la colonie anglaise de la Côte d'Or, la Côte
d'Ivoire et le Dahomey, prolongeait le Dahomey jusqu'au Niger, et, du Niger au Tchad, précisait la limite
qu'avait esquissée la convention de 1890.

Ces délimitations étaient complétées par des démar-
cations de frontières intervenues avec l'Espagne, l'Allemagne et le Portugal.

Enfin, par une convention précise, la république de
Libéria reconnaissait, le 8 décembre 1892, le privilège
d'accès de notre colonie de la Côte d'Ivoire, vers les
régions de l'intérieur, où nos explorateurs avaient de-
vancé si heureusement les étrangers.

Ainsi, depuis le sud du Maroc et de l'Algérie jusqu'au
Tchad par lequel elle se rattache aux possessions du
Congo, l'Afrique occidentale était maîtresse chez elle.

Dans cette zone immense, la domination française
n'existe pas uniquement sur la carte : elle est presque
partout acceptée par les populations.

Les indigènes sont à nous ; ils sont fidèles et dévoués
aux blancs qui ont su gagner leur confiance. De nombreux traits d'héroïsme ont signalé nos tirailleurs sénégalais et dahoméens en maintes circonstances. Presque
toujours, en dehors des luttes nécessitées par Samory
et Behanzin, nous avons affirmé notre autorité par des
procédés pacifiques, nous avons mis notre gloire à gagner le cœur des populations. La France ne prétendra

jamais, en s'appropriant le mot de Tacite « établir la paix là où elle aura fait le désert. »

En somme, l'Afrique occidentale française est désormais constituée dans ses limites territoriales. Ce n'est pas une vanité de géographe, de diplomate ou d'explorateur qui nous incite, c'est la réalité qui nous oblige à la considérer actuellement comme l'une de nos plus importantes possessions.

Après bien des essais et bien des tâtonnements, le Gouvernement général existe désormais de façon indépendante. Le fonctionnaire qui occupe ce poste a autorité sur les gouverneurs, devenus des lieutenants-gouverneurs, des diverses colonies anciennes. Il dispose, en outre, de remarquables moyens d'action dans la puissance financière du budget du Gouvernement général et des budgets locaux, où se manifeste la vitalité de nos possessions.

« L'Afrique occidentale française, dit M. François, après les transformations par lesquelles elle achève de passer, se trouve une « grande personne que nous pouvons nous faire honneur de montrer au monde » et qui « traverse une crise de croissance », dont il faut chercher la cause dans une opportune organisation administrative et financière, et dans une heureuse adaptation de la vie économique aux besoins du pays ».

La question de l'amélioration de la situation matérielle et morale des indigènes a été l'une des préoccupations de M. le Gouverneur général Roume.

Dans cet ordre d'idée, il faut citer : le décret du 2 mai 1906 instituant un mode de constatation écrite des conventions passées entre indigènes ; l'organisation nouvelle donnée au service de l'instruction publique ; les mesures prises pour la protection de la santé publique

Rives du Bani

La pêche dans un marigot soudanais

et la création de l'assistance médicale indigène (8 février 1905).

Toutes les mesures propres à hâter la diffusion de nos idées parmi les populations autochtones ont été prises dans l'ordre économique. L'une des plus importantes réformes du décret du 22 juillet 1906 n'est-elle pas en effet d'autoriser les indigènes à faire immatriculer leurs immeubles — ce qui ne leur était pas permis par les décrets de 1900 et 1901, et de consolider leurs droits sur les leurs qu'ils déterminent tout en facilitant la transformation de la propriété foncière en Afrique occidentale.

Au point de vue de la main-d'œuvre, l'Afrique occidentale française est relativement favorisée. Sur place, dans toutes les colonies qui la composent, l'Administration a toujours trouvé les travailleurs indispensables pour l'exécution des grands travaux d'outillage économique ; les particuliers, les commerçants ont pu se procurer des employés, des commis. La question de l'immigration ne s'est donc pas posée. Par contre, l'émigration a dû être réglementée au Sénégal, à la Côte d'Ivoire et au Dahomey.

Actuellement, partout en Afrique occidentale française, sauf peut-être en certaines régions mauritaniennes, le troc a disparu et avec lui ce qui servait de monnaie locale (manilles de la Côte d'Ivoire, coudées de Guinée, barre de sel). Les cauries ne sont plus employés que par les indigènes entre eux pour les besoins minimes de leur vie journalière. Partout les espèces françaises ont été diffusées. En fait, c'est donc la monnaie nationale qui a cours maintenant. Les commerçants se servent également des billets de la Banque de l'Afrique occidentale française, instituée par décret du

29 juin 1901. La durée du privilège de cette banque est fixée à vingt ans, à partir du jour de sa constitution définitive.

L'outillage économique se développe rapidement grâce à une organisation méthodique.

Au Sénégal, d'importants travaux d'assainissement, des comblements, des drainages, ont été entrepris ; à Dakar, est commencé l'établissement d'un grand port de commerce ; ce port, contigu au port militaire, sera protégé par deux jetées et comprendra des quais de rive et deux môles accostables aux grands bateaux.

Sur le fleuve Sénégal, en 1904-1905, une mission hydrographique a dressé une carte complète du cours du fleuve ; nous possédons maintenant un nivellement précis et une mesure du débit du fleuve. Les conditions de navigation ont été sensiblement améliorées par le balisage et l'éclairage du fleuve, en même temps que des dragages de seuils étaient exécutés dans la partie maritime, entre Podor et Saint-Louis.

A la Côte-d'Ivoire, Port-Bouet achève son installation et des études se poursuivent activement pour assurer la jonction des lagunes, de façon à avoir une voie navigable de 200 kilomètres de longueur, parallèle à la côte.

Le service géographique de l'Afrique occidentale française, organisé en 1903, comprend :

1º Un service du cadastre, assuré par des géomètres civils ;

2º Un service de la carte, assuré par des officiers coloniaux ou métropolitains.

La première œuvre entreprise par ce service est l'établissement, par levés réguliers, d'une carte du Sénégal au 100,000ᵉ en couleurs.

Des opérations géodésiques se poursuivent pour relier, par une triangulation précise, le Sénégal au Niger et à la Guinée. Tous ces travaux sont complétés par ceux, non moins importants, du service géologique.

Une école, destinée à former des ouvriers d'art et des contremaîtres, l'école Pinet-Laprade, a été créée à Dakar en 1904.

La question des chemins de fer est peut-être la plus importante de toutes ; M. le Gouverneur général Roume en a fait le pivot de toute sa politique économique. « C'est, disait-il en 1901, au développement des voies de communication qu'il faut donner la priorité parmi nos projets, parce que, seul, il rend possible tous les autres progrès.

» Une route d'étapes par terre fait le vide autour d'elle ; une ligne de chemin de fer ou de navigation à vapeur ramène la population et, avec elle, une féconde et joyeuse activité. Ce phénomène, qu'on a pu constater d'une manière si frappante sur la ligne de Dakar à Saint-Louis, se reproduit dans des conditions identiques sur la ligne de Kayes à Koulikoro ; sur la partie achevée de la ligne de Konakry au Niger, au terminus provisoire, s'est édifiée toute une ville nouvelle, celle de Kindia, et les chiffres confirment ce qu'indique à première vue le simple aspect des choses. J'ai eu l'occasion de parcourir l'un des premiers rapports élaborés en vue de justifier la construction du chemin de fer de Dakar à Saint-Louis, la première voie ferrée exécutée en Afrique occidentale. Vous savez combien les documents de ce genre sont, par leur nature, généralement optimistes ; celui-ci faisait exception à la règle. L'auteur de ce rapport reconnaissait que l'intérêt économique de cette entreprise était bien faible, qu'il fallait s'attendre à ce que, pendant de longues années, les recettes seraient loin de couvrir les dépenses d'exploitation, encore moins celles de premier établissement : c'est à peine s'il envisageait comme un idéal difficile à atteindre une recette kilométrique de 1,500 fr., et il insistait surtout sur l'utilité politique et militaire de la ligne à ouvrir, qui devait rendre inutiles les nombreuses colonnes que nous étions obligés de lancer périodiquement dans les plaines arides et brûlantes du Cayor.

» C'est en 1887 que ces lignes étaient écrites, et si l'avenir a donné pleinement raison à ces dernières prévisions, si la pacification de ces régions, autrefois si profondément troublées, est complète, il n'a, fort heureusement, pas confirmé les premières. La recette kilométrique atteint aujourd'hui environ 10,000 fr., et est même, en 1901, montée à 12,048 fr. Non seulement les dépenses d'exploitation sont couvertes, mais les avances faites par l'Etat commencent à être remboursées. L'exportation des produits de cette région, qui ne dépassait pas 5 à 6.000 tonnes, est plus que décuplée, des agglomérations prospères se sont formées autour des principales stations, là où les cavaliers du damel du Cayor et du teigne du Baol pressuraient les populations et rançonnaient les caravanes.

» Des résultats analogues se retrouvent dans les données qui nous sont fournies pour les nouvelles lignes récemment ouvertes à l'exploitation en Afrique occidentale française. »

A la date du 1er janvier 1906, le réseau des chemins de fer se composait des voies ci-après, ouvertes à l'exploitation :

Femmes Touareg de Bourrem

Falaise de Gapeti

Ligne de Dakar à Saint-Louis..   265 kilomètres
  — de Kayes au Niger   555   —
  . — de la Guinée française....   153   —
  — du Dahomey   200   —

                  Total .... 1.173 kilomètres

Après l'achèvement des travaux prévus sur les fonds des emprunts, le réseau total atteindra environ 2,400 kilomètres, soit le double de la longueur actuelle.

Le Sénégal, la Guinée, la Côte-d'Ivoire et le Dahomey forment quatre colonies côtières séparées les unes des autres, sur le littoral, par l'interposition de colonies étrangères, mais elles ont toutes un hinterland commun constitué par le bassin du Niger, depuis sa source jusqu'à son entrée dans le territoire britannique de la Nigeria.

L'objectif qui se présente avec évidence consiste à faire partir d'un point convenablement choisi du littoral de chacune de ces quatre colonies côtières une ligne de pénétration aboutissant au bassin du Niger. On peut concevoir ensuite que les extrémités de ces quatre lignes seront réunies ultérieurement par une ligne transversale qui sera leur base commune.

Les plus importantes ressources économiques de l'Afrique occidentale française sont fournies par l'agriculture. Des peuplades, en apparence peu intelligentes et si primitives à tant d'égards, s'adonnent avec le plus grand soin à la culture et semblent devoir être, dans l'avenir, nos plus précieux auxiliaires pour la mise en valeur du pays.

Les aptitudes agricoles des diverses peuplades ne sont pas d'ailleurs les mêmes.

Les Wolofs sont des traitants plutôt que des agriculteurs ; le travail manuel leur répugne.

Les Sérères, les Diolas de Casamance, les Bambaras, les populations de la haute Volta, etc..., sont d'excellents agriculteurs.

Le Mandingue, de la haute Casamance, est peu travailleur ; il s'occupe surtout des arachides.

Les Peuls ou Foulbès ne sont point cultivateurs, mais ce sont d'excellents pasteurs qui pourront être les auxiliaires précieux des Européens pour l'élevage dans les régions qui s'y prêtent, comme le Fouta sénégalais et surtout le Macina.

Parmi les produits agricoles, il faut citer, en première ligne, l'arachide, le coton et le caoutchouc.

L'arachide a fait la richesse du Sénégal et alimenté, pour la plus grande part, le trafic en marchandises du chemin de fer de Dakar à Saint-Louis. Sa culture pourra être étendue à d'autres régions sénégaliennes, où elle n'existe pas encore, et elle constituera probablement dans l'avenir le meilleur du trafic de la future voie ferrée de Thiès à Kayes.

La tendance très marquée des Etats-Unis à monopoliser non seulement la production, mais encore l'industrialisation du coton est apparue comme une menace constante pour les intérêts de nos filatures et tissages, ainsi que pour les 250,000 ouvriers qu'ils occupent.

La question cotonnière a pris corps, en France, par la création d'un organe d'intérêt national, *l'Association cotonnière coloniale*, qui s'est fondée pour étudier et défendre les intérêts économiques, industriels et commerciaux de l'industrie cotonnière française.

L'Afrique occidentale, par sa proximité de la Métropole, son aptitude à produire du coton, se présentait

Un coin de Tombouctou

(à gauche) Cases Bobo creusées dans le sol.
(à droite) Greniers à mil à toit conique ou Kroukrou.

en première ligne à l'attention de l'Association cotonnière coloniale.

Des essais furent effectués au Soudan, le long du
Niger, au Sénégal, en Basse-Guinée, au Dahomey, à la
Côte-d'Ivoire, en prenant pour principe : *la production
par l'indigène de coton type américain.* Le rôle des
agents chargés de la direction de ces essais consistait
simplement en *une surveillance scientifique des cultures
faites à la mode indigène.*

Jusqu'ici, les résultats paraissent satisfaisants, mais,
dans ces œuvres de longue haleine, il est indispensable
de se prémunir contre toute hâte excessive, et de faire
crédit aux chercheurs.

Le caoutchouc est le grand produit riche de l'Afrique
occidentale, qui en exporte près de 4,000 tonnes. Les
lianes à caoutchouc sont malheureusement très attein-
tes, d'abord par les feux de brousse qui en détruisent
chaque année des quantités considérables, ensuite par
les indigènes, qui les exploitent d'une façon irraisonnée.
On tente en ce moment des essais de repeuplement,
mais c'est là une expérience de longue durée, les lianes
poussant lentement dans cette partie du Soudan. Dans
la région des forêts, dans les lios guinéens, on trouve de
grandes lianes s'élevant jusqu'à la cime des arbres. Cette
espèce donne du caoutchouc meilleur, croît plus vite,
et fournit presque toute la récolte de la Côte-d'Ivoire.

On a tenté aussi d'acclimater des caoutchoucs exoti-
ques. Il y a dix ans, l'Afrique occidentale française
produisait 1,100 tonnes de caoutchouc, aujourd'hui elle
en exporte 3,900 tonnes représentant sur les marchés
d'Europe une valeur de 35 millions de francs.

C'est donc pour nos territoires une ressource de première importance et cela à un double point de vue :

1° Elle donne à l'indigène des parties même les plus reculées le moyen d'acquitter son impôt au prix d'un faible travail ;

2° Elle alimente un trafic considérable qui se prolonge à de grandes distances des voies de transport, grâce à la haute valeur du produit.

L'exportation du caoutchouc, caractérisée par ces deux attributs, a permis aux jeunes colonies, dépourvues de voies de communication ou encore dans la période de premier établissement, de vivre de leurs ressources propres et de préparer celle des autres produits de leur sol.

Il en a été ainsi pour la Guinée et le Soudan, qui en retirent encore à présent leur principal revenu.

Il n'existe pas en Afrique occidentale d'industrie de transformation, d'industrie manufacturière. L'industrie minière pourrait certainement donner des résultats rémunérateurs et le champ est vaste pour les prospecteurs.

Les pêcheries du banc d'Arguin et de la baie du Lévrier ont pris une grande importance depuis les études faites sur ce sujet par les missions de M. Gruvel, missions organisées par la Société de géographie de Bordeaux avec l'appui financier du Gouvernement général de l'Afrique occidentale.

Depuis quelques années, l'industrie de la pêche au Dahomey, et spécialement dans la région de Porto-Novo, prend une certaine extension. Autrefois, les indigènes de cette partie de la colonie se contentaient de pêcher le poisson qui était nécessaire à leur consommation. Depuis 1898, ils ont commencé à en exporter dans la colonie anglaise voisine de Lagos et le chiffre d'affaires qu'ils font n'est pas à dédaigner ; il atteignait en 1904 le total de 696,212 francs.

Curieuse case ornementée à Guimini

Orchestre de la province de Fakhala

« La constitution du Gouvernement général de l'Afrique occidentale, telle qu'elle résulte du décret de 1904, conclut M. François, répondait à une nécessité : créer la personnalité du groupe de nos cinq colonies du Sénégal, du Haut-Sénégal et Niger, de la Guinée, de la Côte d'Ivoire et du Dahomey. »

» L'idée dominante du Gouvernement général a été de faire procéder à l'ouverture de voies de pénétration, à la construction de chemins de fer. A maintes reprises, dans ses discours publics, M. Roume a indiqué nettement le but qu'il poursuivait à cet égard. Le développement croissant du mouvement commercial qui, en dix ans, a plus que doublé, la brillante situation financière de l'Afrique occidentale française lui ont permis de demander aux Chambres l'autorisation d'émettre les emprunts nécessaires et le Parlement a pu sans risque accorder à ces emprunts la garantie de l'Etat. »

A la fin de cette conférence si documentée, si instructive, le Président remercie M. François et lui remet, au milieu des applaudissements, la médaille d'argent de notre Société.

Nous exprimons à M. Larose, éditeur, tous nos remerciements pour l'obligeance avec laquelle il a bien voulu prêter les huit clichés qui figurent ci-inclus dans ce bulletin.

Actualités Géographiques

Le retour de la Mission Lenfant

Le commandant Lenfant et quelques-uns des membres de sa mission sont arrivés le 11 janvier à Bordeaux par le paquebot de la Compagnie des Chargeurs-Réunis *Paraguay*.

Avec le commandant Lenfant se trouvaient M. le capitaine Periquet et les sous-officiers Psichari, Bougon et de Lacroix, embarqués à Matadi.

Parti de France le 25 août 1906, la mission avait comme programme *l'étude des territoires compris entre le Logone et le Bahr Sara*. Au point de vue économique, elle devait rechercher les moyens de ravitailler en bétail la région de la *Sangha*.

Le 12 décembre, la mission, qui avait relevé une partie du territoire de la *Sangha*, quittait *Carnot* en deux colonnes : la première se dirigeait vers *Laï* ; la deuxième, que commandait le chef d'escadron Lenfant, longeait la rive droite de la *Lana-Sangha*, en relevant le cours de cette rivière. Le 3 janvier 1907, M. Lenfant avec M. le capitaine Periquet atteignaient les sources de la *Lana*, après quatre jours de marche. A une journée de là, M. le commandant Lenfant trouva les sources de l'*Ouahm*, grande artère qui se jette dans le *Chari*, à *Port-Archambault*.

Tandis que les sous-officiers Bougon et de Lacroix, qui commandaient la première colonne, reconnaissaient le cours de l'*Ouahm*, le chef d'escadron Lenfant et le capitaine Periquet parvenaient le 11 janvier au massif de l'*Ouadé*. Le 5 février, la seconde colonne se scindait : M. le chef d'escadron Lenfant se rendait à *Laï*, et le capitaine Periquet explorait la *Pennié*, qui se jette dans le *Logone*, et a trois cents kilomètres de cours.

Pendant ce temps, le docteur de Kérandel et le maréchal des logis Bougon remontaient l'*Ouahm* et parvenaient au confluent de la *Paffa*, en face de vingt-trois rapides, qu'ils franchirent au prix des plus grandes difficultés.

Le capitaine Periquet forma alors, avec les sous-officiers de Lacroix et de Montmort, deux colonnes qui longèrent la *Nana-Barya*, affluent de l'*Ouahm*, dont ils reconnurent la source. *Ces deux colonnes furent attaquées et durent soutenir onze combats.* Nos miliciens avaient à résister à plusieurs centaines de noirs. Le 6 mai, tous les éléments de la mission avaient atteint l'*Ouahm*.

Les sous-officiers de Lacroix et de Montmort, après avoir traversé cette rivière, se dirigeaient vers l'*Ouaba*, quand de Montmort tomba malade et ne tarda pas à succomber à un accès de fièvre.

En septembre, le capitaine Periquet et le sous-officier de Lacroix opéraient dans la région de *N'Voukou*, quand ils furent attaqués et blessés par des indigènes avec lesquels ils voulaient parlementer.

En résumé, la mission a achevé les travaux qu'elle s'était proposés : l'étude géographique des deux grands territoires constitués par la *Haute-Sangha*, d'une part, et le pays compris entre le *Logone* et le *Bahr-Sara*, d'autre part.

Le résultat immédiat de l'exploration est la découverte d'une nouvelle route reliant la Sangha au Tchad : la route de la *Pennié* est la meilleure et la plus praticable des routes qui vont de *Carnot* à *Laï*.

La Mission forestière de l'Afrique occidentale française

M. ROUME, gouverneur de l'Afrique occidentale française, constitua, sous les ordres de M. Vuillet, chef des Services agronomiques du Haut Sénégal, une **MISSION FORESTIÈRE DE L'AFRIQUE OCCIDENTALE FRANÇAISE,** composée de MM. Lesaulce, inspecteur des Forêts, Giraud, garde général, et d'Arboursiers, administrateur adjoint des colonies.

Partie de Conakry dans les premiers jours d'avril 1907, elle visita la Basse-Guinée, la Mellacorée, le Rio-Nunez, la rivière de Dubreka et a traversé ensuite le Fouta-Djallon en passant par Timbo et le Labé. Elle a constaté dans la Haute-Gambie et la Haute-Falemé la présence de la tsétsé, et l'apparition de la maladie du sommeil.

Dans une grande partie de la Guinée, il n'y a pas de terre à maïs ou à riz, et on ne saurait y prévoir de plus grands développements de la culture que ceux qui y existent actuellement.

En suivant la vallée du Tankisso et visitant quelques dragages aurifères, la mission parvint à Sanguiri et descendit en chaland à Bammako, puis remonta sur Tombouctou par Koulikoro, Banemba, Mourdia,

Goumbo, Sokolo, Mampala, Bloundoubedi, Niafomké et Goundam.

Les conditions atmosphériques générales du Soudan dans la région du Moyen-Niger ne sont pas favorables à la croissance de grandes forêts ; les arbres y poussent cependant, et ils seraient en bien plus grand nombre si, d'une part, les noirs, maintenant que la sécurité est parfaite, ne déployaient leurs cultures en brûlant les végétations qu'ils rencontrent sur les terres vierges, tandis que, d'autre part, les Maures pénètrent assez profondément aujourd'hui dans l'intérieur avec leurs troupeaux qui détruisent les jeunes pousses.

La Mission a constaté la présence, dans toute la Guinée, du « méné », qui donne un corps gras, du « karite » — arbre à beurre — des sources de la Gambie jusqu'à Mourdia, de la liane à caoutchouc, « gohine », qui se trouve en abondance en Guinée et jusque dans la région du Baoulé, de l'arbre à copal depuis la Guinée jusqu'à Bammako, et de bon bois d'ébénisterie, ainsi que d'arbres à fruits, le « néré », dont les indigènes utilisent la farine, le boabab et le cônier.

Un concessionnaire a demandé à exploiter le boabab pour sa fibre à faire des cordes, dans la région du Sénégal.

La mission a découvert au Labé et sur deux acacias très communs, sur les rives du Sénégal, une cochenille à cire qui pourrait être exploitée avantageusement et appartenant au genre « ceroplaster. »

De Sousandiny, M. Esnault-Pelterie, président de l'Association cotonnière coloniale, a reçu un coton indigène provenant du cercle de Koutialo, déclaré excellent.

Plusieurs colons de la région de Kayes ont obtenu des concessions pour la culture du sisale, agave textile cultivée en grand au Mexique, au Yucatan et aux îles Bahama.

Les Médecins au Japon

On se plaint, en Europe, et en France en particulier, de la pléthore médicale ; nous n'avons rien à envier aux peuples d'Orient, à en juger par la statistique suivante : A la fin de 1906, le nombre dés médecins exerçant au Japon s'élevait à 34,611, plus 706 dentistes diplômés. L'accroissement de 1905 à 1906 n'était pas moindre de 740 nouveaux docteurs. Ce chiffre donne une proportion de un médecin pour 1,348 habitants. Comme en Europe, dans les grandes villes, la proportion est plus élevée ; à Tokio, notamment, il y a un médecin pour 810 habitants. Sur le nombre total de 34,000 docteurs, on ne compte que 33 étrangers.

Il y a au Japon 786 hôpitaux, dont 630 sont des institutions privées ; à Tokio, Yokohama et Kobe, il y a quelques hôpitaux ou asiles appartenant à des nations étrangères et dirigés par leurs nationaux.

La Tuberculose à Madagascar

La clinique et le laboratoire démontrent l'existence réelle de la tuberculose à Madagascar, mais elle y est beaucoup plus rare qu'en Europe.

Chez les indigènes, la tuberculose, depuis quelques années, semble rester à l'état stationnaire ; elle est beaucoup moins fréquente qu'en Europe, aussi bien sur les hauts plateaux qu'à la côte. Elle est plus grave et évolue plus rapidement sur la côte que sur les hauts plateaux ; certaines races indigènes sont à peu près indemnes. Il semblerait même, d'après la statistique de Tananarive, que la maladie est en voie de décroissance.

Chez les Européens, la tuberculose est très rare ; cela se conçoit facilement, du reste, les faibles et les débiles, c'est-à-dire les candidats à la tuberculose, ne venant guère dans cette colonie.

Chez les créoles. — A Madagascar, sont venus des créoles originaires de la Réunion ou de Maurice ; ils fournissent une proportion considérable de cas de tuberculose. C'est ainsi que, pendant les années écoulées de 1899 à 1902, le contingent militaire de la Réunion a fourni à lui seul 35 tuberculeux pulmonaires pour le seul hôpital de Diégo, sur un effectif moyen de 400. Cette fréquence de la tuberculose chez les Réunionnais impose des mesures à prendre de ce côté, mais d'une façon générale le problème social de la tuberculose ne se pose pas à Madagascar avec autant d'acuité qu'en France ; le grand fléau est le paludisme. (Fontoynont.)'

La population de Tristan da Cunha

Un *Blue Book*, qui vient de paraître, complète les renseignements donnés sur **TRISTAN DA CUNHA**, par la *Géographie*, il y a trois ans (X, 2, 15 août 1904, p. 28), sur sa population.

Rappelons d'abord que ce fut seulement à partir du premier quart du XIXᵒ siècle que Tristan da Cunha fut habitée d'une façon permanente.

Pendant les siècles passés, l'archipel fut de loin en

loin visité par les marins. Les navires hollandais *Heemstedé, Nachtglas* et *Nypiang* l'explorèrent respectivement en 1643, 1656 et 1696. En 1767, le capitaine français d'Etcheveny y débarqua, et d'août 1790 à avril 1791, le commandant américain Patten y séjourna pour y chasser des lions· de mer.

En 1817, la Grande-Bretagne en prit possession et y plaça une petite garnison, pour en faire un point d'appui des navires qui surveillaient Napoléon Iᵉʳ, captif à Sainte-Hélène.

Quand, en 1821, après la mort de l'Empereur, la garnison en fut retirée, le caporal Glass, ses sept fils, ses huit filles et deux matelots y restèrent ; avec quelques négresses du Cap et de Sainte-Hélène, ils formèrent la souche de la population actuelle.

Les îles méridionales, Inaccessible et Nightingale, sont désertes ; les habitants sont concentrés sur une petite plaine qui s'ouvre dans la partie nord-ouest de l'île Tristan da Cunha proprement dite. En mars 1907, leur nombre s'élevait à 78 ; ils se répartissaient ainsi : 10 couples mariés, 41 enfants, 9 célibataires adultes, 8 vieillards.

Ils tirent leur subsistance de l'élevage du bétail, des moutons, des porcs et de la culture des pommes de terre. Les hommes, qui possèdent en commun quatre barques et qui sont des marins hardis et courageux, pêchent sur les côtes où le poisson est abondant.

Un pasteur de l'Eglise anglicane, M. J.-G. Barrow, qui s'est établi avec sa femme à Tristan da Cunha depuis avril 1906, pour y instruire les enfants et y exercer son ministère, constate que, malgré ces différentes ressources, la disette est fréquente. « Tout habitant, écrit-il le 9 mars 1907, doit s'attendre aux privations comme à une chose naturelle, comme on s'attend à la pluie et au vent. » « Il manque toujours quelque chose ici, écrit-il encore, telles que farine, riz, thé, café et sucre. »

Si rude que soit leur vie sur cette terre battue par les vents, les pluies et les flots, les habitants y sont attachés. Emu de leur situation, le gouvernement anglais leur avait, en effet, cette année même, offert d'émigrer au Cap de Bonne-Espérance, où ils auraient reçu des concessions de terre. Le *Greyhound*, parti du Cap, arriva le 3 mars 1907 à Tristan da Cunha, apportant des vivres, et chargé de transmettre une proposition ferme du *Colonial Office*.

Le 5 mars, le Rév. Barrow réunit les habitants en assemblée plénière, et leur demanda s'ils voulaient partir ou rester. Bien que le Gouvernement ne leur eût pas caché qu'ils ne sauraient s'attendre à être régulièrement ravitaillés, tous déclarèrent qu'ils voulaient rester.

Ajoutons que le *South African Museum* a envoyé à Tristan da Cunha, par le *Greyhound*, un baromètre, des thermomètres, un pluviomètre, de sorte que, d'ici à quelques années, si les observations sont faites consciencieusement, on possédera des données précises sur le climat de l'Atlantique austral.

Nécessité d'améliorer le Service sanitaire dans le golfe Persique

Dans sa séance du 29 juin dernier, le Conseil sanitaire de l'Empire de Perse, se préoccupant de remédier aux conditions défectueuses dans lesquelles fonctionne le service sanitaire dans le golfe Persique, a voté la motion suivante :

« Depuis deux années, la peste a sévi sévèrement à Bahrein ; l'épidémie de 1907 a été encore plus meurtrière que celle de 1905 ; le littoral persan, qui est en relations continuelles avec Bahrein, soit par les bateaux à vapeur, soit par le cabotage, est sérieusement menacé ; il est donc nécessaire et urgent d'améliorer les stations sanitaires qui sont dans un état déplorable, et d'y installer des étuves à désinfection ; les lazarets ne sont pas entourés de murs, les passagers qui ont terminé leur quarantaine sont en contact avec ceux qui arrivent ; il n'y a pas de médecin disponible pour aller visiter les petits ports contaminés, comme le cas vient de se produire à Dayyir ; bref, il est urgent d'assurer à la Perse, et par suite à l'Europe, une protection plus efficace contre les épidémies. »

Le Conseil a proposé, en outre, une série de propositions visant différentes améliorations reconnues urgentes. Malheureusement la Commission à laquelle ont été soumises ces propositions s'est heurtée au mauvais état actuel des finances persanes, qui rend impossible l'exécution immédiate des travaux réclamés. Elle a dû se borner à signaler au Gouvernement Persan les améliorations les plus urgentes, en émettant le vœu qu'elles soient exécutées dans les délais les plus brefs.

L'émigration dans la province de Molise

L'émigration, si considérable en Italie depuis cinquante ans, écrit M. Regelspeger, dans la *Géographie*, a particulièrement affecté la province de Molise, située sur le versant de l'Adriatique.

Comme le montre une étude très documentée du professeur Guglielmo Josa, en une vingtaine d'années, cette province a perdu 200,000 habitants. Ce mouvement est déterminé par la misère des agriculteurs due à l'infertilité du sol et à la pratique de l'usure qui en est la conséquence directe. Commencé en 1876, il a subitement augmenté en 1879, avec une crise agricole.

Depuis cette date, l'émigration a toujours progressivement augmenté sous l'influence des mêmes causes. L'année 1883 vit partir 4,305 émigrants, particulièrement de l'arrondissement (circondario) d'Isernia ; ce ne fut que l'avant-garde de la grande armée de cultivateurs qui partit plus tard. Dès lors l'émigration, qui commençait à se porter vers les Etats-Unis, prit d'effrayantes proportions, favorisée d'une part par l'excitation des agents spéciaux, de l'autre part, l'accroissement des impôts et le mécontentement des classes populaires. De 1886 à 1894, le nombre des départs oscille entre 5,000 et 9,000. En 1895, il s'élève à 10,897 et en 1896 à 13,224, puis descend au-dessous de 7,000 jusqu'en 1899. Un nouveau mouvement ascendant se produit en 1900, où le chiffre atteint de 9,614. A ce moment le mouvement des émigrants reçoit une nouvelle impulsion par suite de la maladie de la vigne et gagne le (circondario) de Larino, qui, par suite de circonstances moins défavorables, s'y était jusque-là montré réfractaire. De 1901, où il était de 12,896, le nombre des émigrants a toujours été croissant et a été, en 1906, de 16,610 ; jamais le chiffre ne s'était élevé aussi haut.

Cette émigration est-elle un bien ou un mal ? Le professeur Guglielmo Josa termine son étude par des conclusions optimistes.

Un des heureux effets de l'émigration serait l'envoi

d'épargnes par les émigrants à leurs familles. L'augmentation des dépôts dans les caisses d'épargne postales et dans les banques locales, survenue depuis vingt ans, n'a pas d'autre origine. Alors qu'en 1886, ces dépôts ne dépassaient pas un million, ils se sont élevés à mesure que croissait le mouvement d'émigration et ont atteint, en 1905, le chiffre d'environ neuf millions et demi.

Cette augmentation des capitaux a eu pour conséquence immédiate le passage d'une partie de la moyenne, et même quelquefois de la grande propriété, aux mains des paysans. La statistique des actes de vente suit la même courbe que celle de l'émigration et de l'épargne. De 3,454 en 1885, leur nombre est monté à 9,729 en 1905.

Enfin, dans une plus ou moins grande mesure, de l'émigration dérivent l'augmentation des salaires, la diminution des illettrés et la transformation agricole. Le besoin d'instruction serait né, d'après le professeur Josa, de la nécessité pour la famille de l'émigrant de correspondre directement avec celui-ci, afin de recevoir de ses nouvelles ainsi que des envois d'argent, sans avoir besoin de recourir à des intermédiaires. La transformation de l'agriculture s'est manifestée par la création d'un plus grand nombre de prairies artificielles qui exigent moins de main-d'œuvre, par l'introduction de machines agricoles et par un emploi plus fréquent des engrais modernes.

Certes, l'émigration aura, pendant trente ans, privé la province de Molise de main-d'œuvre et rendu difficile la culture de la terre; toutefois, d'après le professeur Josa, elle a eu d'excellents résultats.

Toutefois, si elle ne revenait pas à des proportions normales et si elle devait perdre le caractère d'émigration temporaire qu'elle a gardé jusqu'ici, alors ce serait la dépopulation avec toutes ses conséquences.

Le Congrès de l'Afrique du Nord

Un comité, constitué sous la présidence de M. Eug. Etienne, député, ancien ministre, et dans lequel nous relevons les noms de MM. Chailley, Flandin, Guillain, députés; Paul Leroy-Beaulieu, de l'Institut; René Millet, ambassadeur de France, etc., a décidé d'organiser un Congrès dont le but est l'étude des questions intéressant seulement l'Afrique du Nord (Algérie, Tunisie, Maroc) et qui se réunira à Paris, du 6 au 10 octobre 1908.

Le Comité d'organisation, soucieux de fortifier autant que possible l'autorité des enseignements qui doivent découler des travaux du Congrès, fait appel à toutes les compétences.

Bibliographie

« **Les Villes d'art célèbres, Dijon et Beaune** », ont
été merveilleusement décrites par M. Kleinclausz.

Si vous ne connaissez pas Dijon, si vous ignorez
Beaune, la Merveille des Merveilles, vous apprendrez à
les admirer.

Si vous les avez visitées, les superbes productions
dont fourmille ce beau livre vous rappelleront toutes
les étapes de votre pèlerinage d'art. Comme la vie pro-
vinciale était intense, jadis, et quelle belle époque que
celle où la foi faisait lever de terre des moissons de
chefs-d'œuvre ! Je ne parle pas des monuments magnifiques de Dijon, du musée, qui, après le Louvre, est
peut-être le plus beau que nous ayions. Mais l'Hospice
de Beaune ! Qui peut oublier cet écrin de dentelles ?
Nous sommes très fiers de nos arts ; comme nous
sommes petits, cependant, à côté des imagiers et des
tailleurs de pierre du xive siècle ! Il faut féliciter
M. Kleinclausz d'avoir si bien décrit le vieil hospice,
cher aux médecins et aux artistes. Il faut aussi louer
l'éditeur, M. Laurens, d'avoir prodigué les illustrations
qui font de ce livre un véritable monument à la gloire
de notre plantureuse Bourgogne.

Le Gérant,

P. DAUTAIS.

SOMMAIRE

13 photogravures et 1 carte

Comptes rendus

analytiques

des Séances

SÉANCE DU VENDREDI 10 JANVIER 1908

PRÉSIDENCE DE M. LINYER, PRÉSIDENT

Après avoir prononcé l'admission, comme membre de la Société, de Mlle Bouquet, Directrice de l'Internat, rue Félibien, le Président donne la parole à **M. le Lieutenant LAMOUCHE**, qui se propose de nous entretenir de son séjour de **TROIS MOIS EN MAURIENNE.**

C'est au cours de travaux topographiques exécutés pour la future carte d'état-major au $\dfrac{1}{50.000}$ que M. le lieutenant Lamouche a pris les photographies qu'il va nous montrer et, comme il le dit lui-même, il a tenu à compléter ses observations pendant les quelques jours de repos qui lui ont été accordés à l'issue de sa campagne topographique.

La belle carte des environs de notre ville, faite en collaboration avec le lieutenant de Lavenne, avait particulièrement désigné M. Lamouche pour ces études géodésiques récemment entreprises sur notre frontière des Alpes.

Une carte du département de la Savoie nous montre la position relative de la Haute-Maurienne et la concordance parfaite qui existe dans cette région entre la topographie, l'aspect du terrain et sa constitution géologique.

Les explications du conférencier nous font comprendre pourquoi les géographes ont pu donner aux vallées de la Savoie le nom de « vallées à étranglements successifs. »

La Maurienne comprend tout le bassin de la rivière l'Arc, depuis sa source jusqu'à son confluent avec l'Isère, entre la Tarentaise, au nord, et le Dauphiné et le Piémont, au sud.

Cette province est séparée de nos voisins par des crêtes élevées, par des glaciers étendus ; les chemins qui y donnent accès sont peu nombreux et souvent difficiles.

La Maurienne se divise en deux parties distinctes à la fois par l'aspect, par les ressources, par la densité de la population et par la nature du sol.

Modane marque exactement la délimitation de ces deux parties : la basse Maurienne, depuis le confluent de l'Arc avec l'Isère, n'est qu'un couloir étroit, encaissé, long de 60 kilomètres ; au-dessus de Modane, l'aspect du pays change brusquement, l'Arc a dû se creuser un lit au milieu de roches diverses, gypses, calcaires dolomitiques, cargneules, schistes lustrés ; c'est la Haute-Maurienne, c'est en quelque sorte un pays à part, un pays dont on pourrait faire une monographie qui ne ressemblerait que par quelques côtés seulement à celle des autres subdivisions de la Savoie.

Une coupe géologique vient à ce moment montrer à l'auditoire la disposition du sous-sol de cette région à structure si tourmentée, si bouleversée dans la suite des temps.

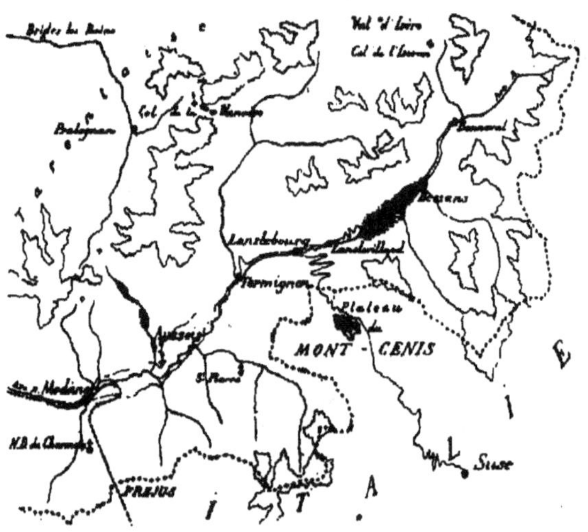

Croquis de la Haute-Maurienne (Bassin supérieur de l'Arc)

Les glaciers sont figurés approximativement par les lignes sinueuses qui forment comme des ilots sur ce croquis.

Puis apparaît un croquis à grande échelle de la Haute-Maurienne, grâce auquel nous pourrons suivre plus facilement le conférencier dans les excursions qu'il va nous faire faire.

Ce qui frappe à première vue, c'est le grand nombre et l'étendue des glaciers. Le massif de la Vanoise, à lui seul, porte 60 kilomètres carrés de glaciers d'un seul tenant. Nous sommes dans la région des Alpes françaises, où le phénomène glaciaire atteint son maximum d'intensité. M. le lieutenant Lamouche nous explique pourquoi et nous démontre, avec chiffres à l'appui, que la Haute-Maurienne est beaucoup plus élevée dans son ensemble que d'autres vallées voisines plus renommées, comme la vallée de Chamonix, par exemple.

Modane, le point le plus bas de la Haute-Maurienne, est encore à 1,070 mètres au-dessus de la mer. Cette seule indication permet de se représenter le climat du pays, climat rude en tous temps, l'hiver à cause du grand froid, l'été à cause du vent fréquent et toujours violent.

Tandis que la Basse-Maurienne est un pays de vie industrielle, la Haute-Maurienne est un pays de vie pastorale. L'agriculture y est très pauvre ; quelques rares arbres fruitiers dans les jardins de Modane, mais ce sont les derniers ou à peu près ; dans la vallée, quelques bouquets de frènes ; la vigne n'a jamais poussé à ces hauteurs ; le seigle, la seule culture dont on puisse parler, met 14 à 15 mois pour parvenir à maturité dans ce pays, ce qui ne permet qu'une récolte de la surface labourable totale tous les deux ans.

Dans plusieurs communes, le territoire cultivable a été depuis longtemps déjà divisé en deux portions égales ; chaque année, une moitié est récoltée et l'autre

Vue générale d'Aussois

*(Cette commune est située à 1500ᵐ d'altitude, au pied de la Dent
Parrachée, dont le sommet est à 3712ᵐ au-dessus de la mer.)*

Modane-Fourneaux
Vue sur la vallée de la Basse-Maurienne

Environs de Modane

Chapelle du Charmaix

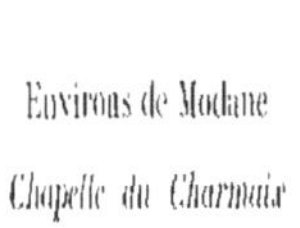

Environs de Modane

Mairie du Bourget

est ensemencée. Les habitants peuvent ainsi faire une moisson annuelle comme ailleurs, mais sur la moitié seulement de la surface de leurs terres.

Les seules richesses du pays sont les prairies et l'élevage. Ces pâturages très verts, émaillés de fleurs odorantes, sont d'une réelle beauté. Ils donnent au lait des vaches et des chèvres qui les paissent ce délicieux arome dû à la variété et à la richesse de la flore. Aussi voit-on dans ces vallées alpestres d'innombrables troupeaux, et c'est un bien curieux spectacle que la rentrée quotidienne de ces animaux dans leurs étables.

La Haute-Maurienne nous permet très facilement une comparaison intéressante : on y voit, à proximité l'un de l'autre, les deux principaux types de torrents : l'un source de richesse, l'autre dévastateur.

Sur le versant de la Vanoise, la nature a pourvu les ruisseaux qui descendent des glaciers de véritables *réservoirs d'arrêt*, qui absorbent l'excès de rapidité des eaux et donnent lieu à de puissantes cascades. Le débit est ainsi régularisé.

Sur le versant de la chaîne frontière, au contraire, le lit des torrents est souvent à sec, la pente est partout très forte et presque uniforme. Viennent quelques rayons de soleil plus ardents que d'ordinaire, qui accélèrent brusquement la fonte des neiges, ou quelque pluie d'orage, alors les eaux se précipitent comme une masse irrésistible qui tombe tout droit des sommets à la rivière.

Pendant l'été 1906, le torrent du Charmaix occasionna la catastrophe qui emporta une partie de l'église et plusieurs maisons de Modane-Fourneaux. M. Lamouche montre une série de belles photographies représentant le cours sinueux de ce torrent dévastateur, tour à tour resserré entre deux hautes parois verticales, puis s'élargissant en véritables cuvettes.

La solidité du « Pont du Diable » est plus apparente que réelle. Il est construit tout en bois et suspendu à des câbles métalliques. Sur les pylônes de l'entrée, on peut lire : « Il est dangereux de s'engager plus de quatre sur le pont. » Sa portée est d'environ 25 mètres. Lorsqu'on presse le pas pour le franchir plus vite, on a l'avantage de sentir tout le système balancer agréablement au-dessus d'un abîme de 300 mètres de profondeur.

Bonneval est la dernière commune que l'on rencontre en remontant la vallée de l'Arc ; située à 1,830 mètres d'altitude, elle est une des plus élevées qui soient habitées en permanence.

C'est là que les arbres disparaissent ; on n'en voit plus que quelques bouquets au fond de la vallée. Seuls, des éboulis, de la pierre, des pâturages où l'herbe est très courte.

Faute de bois, les habitants de Bonneval utilisent comme combustible de la fiente de brebis séchée au soleil et comprimée en briquettes.

Le Club Alpin a fait construire à Bonneval un chalet-hôtel. Pendant l'été, le service du courrier est fait par une voiture, qui vient chaque jour de Lanslebourg et qui peut prendre quelques voyageurs. L'hiver, Bonneval est bloqué par les neiges pendant sept mois, et l'arrivée du facteur, venu à pied depuis Bessans, quand il peut passer, est un des principaux événements de la journée.

Modane est presque une petite ville, une ville ouvrière et cosmopolite où les italiens sont nombreux ; le séjour y est désagréable ; beaucoup de poussière et de

fumée, presque toujours un vent violent, pas d'horizon,
très chaud l'été, très froid l'hiver, agitation continuelle ;
on sent partout le voisinage de la gare internationale
avec son perpétuel mouvement de voyageurs et d'émigrants. A deux kilomètres de cette petite ville, de presque 3,000 habitants, est l'ouverture française du tunnel
du Mont-Cenis, que gardent d'importants ouvrages
militaires.

Aussois, paraît-il, pourrait être un excellent centre
d'excursions. Cette localité est, en effet, située sur un
beau plateau à 1,500 mètres d'altitude, c'est-à-dire
presque à mi-chemin, dans le sens de la hauteur, entre
la Basse-Maurienne et les superbes glaciers de la
Vanoise. Mais avant d'y aller passer une villégiature,
nous nous posons cette question : quelles ressources
trouve-t-on dans ce pays ? Le conférencier y répond en
ces termes : « A Aussois vous trouverez — en abondance — la tranquillité, le bon air, du laitage sous
toutes ses formes, de l'eau fraîche et limpide, comme
nulle part ailleurs ; vous trouverez — en cherchant
bien — des œufs, quelques articles d'épicerie, un peu
de vin, que les gens gardent chez eux en réserve pour
quand ils sont malades, et comme ça n'arrive pas
souvent, vous avez beaucoup de chances de trouver du
vin vieux ; enfin, il y a un… bureau de tabac ! Tout
le reste pain, viande, fruits, légumes, etc… il faut
aller les chercher à Modane ; deux heures pour aller,
autant pour revenir ! Mais à côté de cela, une population aimable, accueillante, extrêmement obligeante ! »

Il n'y a pas d'hôtel à Aussois, mais on peut tout de
même trouver à s'y loger convenablement, quant à
l'indispensable, et M. le lieutenant Lamouche cite plusieurs faits personnels qui rassurent l'auditoire sur la

possibilité d'un séjour intéressant et salutaire dans la Haute-Maurienne.

De curieuses projections donnent une idée des différents costumes de ce pays. Sombres et sévères, en général, avec leurs larges manches et leurs manteaux en forme de capes, ils contribuent à donner à ce pays un caractère de réelle originalité.

A Bessans, le costume est un peu différent de celui des autres localités de la Haute-Maurienne. D'après une tradition locale, les habitants de cette commune remonteraient aux Arabes, à l'époque de l'occupation du pays par les Sarrasins.

Les Bessannais paraissent avoir mauvais caractère. Ce sont eux qui fournissent au juge de paix de Lanslebourg les trois quarts de ses occupations et, ce qui est plus grave pour le touriste, ils ne veulent absolument pas se laisser photographier.

Chacun, chacune possède son âne ; Bessannais et Bessannaises se font un point d'honneur de ne jamais se déplacer à pied, même pour parcourir une petite distance. Homme ou femme, on monte à califourchon sur l'âne. Cette position de la femme à cheval peut paraître étrange et cependant elle est communément employée dans beaucoup de pays. En Bosnie et en Herzégovine, particulièrement, la femme ne monte jamais autrement.

L'hivernage est l'époque de la vie sédentaire dans la Haute-Maurienne ; pendant huit mois les habitants sont groupés autour du clocher. Il y a aussi la vie nomade, c'est-à-dire la vie dans les chalets, pendant la période d'été appelée dans le pays « l'Alpage. »

Au fur et à mesure que l'on s'élève en altitude, les prairies deviennent plus tardives et l'herbe plus courte.

Intérieur d'un des chalets de la Haute-Maurienne

Baratte hydraulique

Une planche dérive l'eau du torrent voisin sur une roue de moulin qui, par une courroie de transmission, communique le mouvement à la baratte.

On passe ainsi successivement du fond de la vallée, où l'on fait deux coupes de foin chaque année, à la zone où l'on ne fait qu'une coupe, et enfin aux pâturages proprements dits, où l'herbe est toujours trop courte pour être fauchée.

Les chalets n'étant pas autre chose que des abris destinés à ne servir que pendant l'exploitation des prairies sont, eux aussi, étagés. Il y en a, suivant les localités, trois ou quatre séries réparties entre le bourg et les pâturages les plus élevés. Chacune de ces séries n'est habitée que pendant 20 à 25 jours.

On commence à quitter le bourg vers le 15 mai, mais on ne s'éloigne pas encore ; on s'arrête dans les premiers chalets, à 150 mètres ou 200 mètres plus haut que l'agglomération. De là on peut facilement revenir au bourg quand c'est nécessaire et même continuer le travail dans les prairies de la vallée.

« Le premier dimanche qui suit la Saint-Jean, dit M. le lieutenant Lamouche, est un jour de réjouissance dans les chalets de la Haute-Maurienne. C'est le jour où l'on fait les préparatifs pour monter, dès la première heure du lendemain, vers les chalets les plus élevés, vers les pâturages. On emballe les ustensiles de ménage dans une caisse qui les contient tous, on enferme les poules dans une cage, manteaux et couvertures sont pliés, le local qu'on va quitter est mis en ordre..., et, le soir venu, d'un versant à l'autre de la vallée, des feux de joie, les feux de la Saint-Jean, se répondent et donnent à la montagne un aspect inattendu et vraiment pittoresque. »

Une des photographies qui accompagnent ce compte-rendu permet de se faire une idée de ce qu'est l'intérieur de ces chalets. Toute la maison se compose, en réalité, d'une seule pièce divisée en deux parties par une cloison horizontale ; en bas c'est l'étable, en haut le logis ; par les interstices des planches, la chaleur des animaux monte et entretient dans tout l'intérieur une température constante et modérée.

C'est seulement au moyen de ce que l'on voit sur la photographie qu'une famille avec de nombreux enfants vit pendant les mois d'été. Chaque dimanche, et quelquefois en semaine lorsque c'est indispensable, l'un des enfants descend au bourg avec un mulet pour y chercher le pain et les autres provisions.

« Toutes ces familles sont pauvres, ajoute le conférencier, mais vivent heureuses quand même. Jamais, dans ces montagnes, je n'ai entendu quelqu'un se plaindre de son sort avec amertume ni maudire la société. Toutes les fois que je m'apitoyais sur leur vie pénible on me répondait invariablement : — Que voulez-vous, Monsieur, on sait bien qu'on n'arrive à rien sans peine et qu'il faut travailler pour vivre ! — Que de fois, hélas ! en d'autres pays, je n'ai pas rencontré les mêmes sentiments ! »

« Il faut bien dire que, pour ces gens à l'esprit simpliste, la vie sur les hautes prairies où l'horizon n'est borné de tous côtés que par des cimes neigeuses qui semblent relier la terre au ciel, la vie a des charmes bien séduisants. C'est dans l'alpage que l'on comprend vraiment l'attachement inébranlable qu'a le Savoyard pour son admirable pays. »

Les chalets de la Haute-Maurienne sont tous construits en maçonnerie ; la pierre se trouve à pied-d'œuvre en abondance et le plâtre est fourni par les roches de gypse qu'on rencontre en mains endroits dans cette vallée. Presque partout ailleurs en Savoie les chalets sont en bois.

Costumes de la Haute-Maurienne
Groupe pris à Aussois à la sortie de la Messe

A Aussois
Petites portes en forme de guérites

Bonneval-sur-Arc

(à 1830ᵐ d'altitude)

Le Monolithe de Sardières

(92ᵐ de hauteur)

Le lait est d'une qualité incomparable. Pourrait-il en être autrement sur ces prairies arrosées nuit et jour par de nombreux torrents et émaillées par une multitude de fleurs. Au mois de juillet, notamment, c'est la pleine floraison. Les vaches mangent de grosses violettes dont le parfum se communique au lait et donne au beurre une saveur délicieuse.

On ne vend aucun produit pendant l'alpage ; tout est gardé dans les chalets pour être vendu en bloc à la première foire d'automne, soit à Modane, soit à Saint-Jean-de-Maurienne.

Le beurre est accumulé par grosses mottes dans un petit caveau enterré et adossé au chalet ; c'est toujours du beurre « doux ». Pour le conserver d'une fraîcheur intacte, depuis la fin de mai jusqu'à l'entrée de l'automne, les habitants n'ont pas à se servir de sel, dont ils ne possèdent d'ailleurs que la quantité strictement nécessaire à leur alimentation. La parfaite conservation du beurre est assurée par le froid qui règne à ces hautes altitudes et par la grande pureté de l'air qui, probablement, ne tient en suspension aucun germe nuisible.

En fait de monuments, les œuvres d'art sont rares et pauvres dans la Haute-Maurienne. De tout temps, les habitants ont dû trouver leur pays assez beau par lui-même pour ne pas se mettre en frais d'architecture.

A Modane, commence un curieux chemin de croix, dont les stations, distantes l'une de l'autre de 500 mètres, bordent la route militaire du Fréjus. Elles sont mal entretenues bien que, chaque année, le 8 septembre, un pélerinage très suivi ait lieu à la chapelle de N.-D. du Charmaix, la dernière station de ce chemin de croix, à 7 kilomètres de Modane.

On n'arrive au Charmaix qu'après avoir gravi près de 500 mètres en altitude, par des pentes variant de 8 % à 10 % ; aussi, les personnes qui font sérieusement ce chemin de croix, sans se laisser distraire, doivent-elles gagner beaucoup d'indulgences. Plus loin, une croix rappelle l'accident où, il y a quelques années, le lieutenant Porcher et l'adjudant Rozier trouvèrent la mort.

La chapelle Saint-Sébastien, à Lanslevillard, mérite une visite attentive. L'extérieur ressemble à un bâtiment de ferme, plutôt qu'à une chapelle. Toute la surface intérieure, sauf le sol sur lequel on marche, est couverte de peintures murales dues à un peintre local ; elles ont été terminées en 1418 et sont demeurées en parfait état de conservation. Les murs représentent, sur trois côtés, les scènes de la vie de N. S. Jésus-Christ, et sur le quatrième côté les scènes de la vie de saint Sébastien. Présentement, on n'y célèbre la messe qu'une fois par an pour la fête de saint Sébastien. Il existe à Bessans une autre chapelle du même genre, à peu près.

Les excursions intéressantes que l'on peut faire dans la Haute-Maurienne sont innombrables. Il y en a pour tous les goûts, pour toutes les forces, pour ceux qui préfèrent les exercices modérés comme pour ceux qui recherchent les impressions fortes.

Un des charmes, une des supériorités de cette région, c'est de n'être pas, ou presque pas, aménagée pour le tourisme et en vue de l'exploitation des touristes. Pas de funiculaires, pas de curiosités retenues prisonnières dans une enceinte où il faut payer tant pour entrer, tant pour sortir, etc... Dans la Haute-Maurienne, on peut encore voir... la Nature telle qu'elle est !

En dehors de la grande route du Mont-Cenis et de la route de Lanslebourg à Bonneval, il n'y a que des sentiers muletiers ou de piétons, et souvent même pas de sentier du tout. Le conférencier passe sous silence les quelques chemins militaires construits par les chasseurs alpins pour le service de leurs baraquements. Ces chemins ne sont d'ailleurs entretenus que suivant les circonstances.

Les crêtes sont franchies de préférence par les endroits où elles sont le moins élevées, c'est-à-dire par les cols. Pour aller de la Haute-Maurienne en Tarentaise, soit sur un front de plus de 60 kilomètres à vol d'oiseau, il n'y a que trois passages principaux accessibles aux mulets, pendant quelques semaines, chaque année : le col de Chavière, au nord de Modane, praticable pendant cinq à six semaines, mais toujours plus ou moins encombré de neige, à 2,810 mètres d'altitude ; le col de la Vanoise, accessible aux mulets pendant trois mois, à 2,530 mètres d'altitude ; c'est le plus fréquenté, à cause du voisinage de Pralognan et de Brides-les-Bains ; enfin, le col de l'Iseran, à 2,770 mètres d'altitude, qui n'est libre de neige que pendant 6 à 8 semaines, suivant les étés.

A travers la chaîne frontière franco-italienne, depuis les sources de l'Arc jusqu'au-dessus du tunnel du Fréjus, il n'y a qu'un seul passage important et facilement accessible, c'est le col du Mont-Cenis, à 2,091 mètres au-dessus de la mer ; ce col est utilisé par la route nationale de Chambéry à Turin.

Le conférencier nous montre, en passant, un petit oratoire, situé à 2,400 mètres d'altitude, près d'un groupe de quatre ou cinq chalets. Pendant les semaines d'alpage qu'ils passent là-haut, les habitants de ces chalets n'ont pas la possibilité de descendre, chaque dimanche, à l'église paroissiale, pour entendre la messe. Ils ont construit, avec leurs seules ressources, cette modeste chapelle. C'est là qu'ils se réunissent fidèlement, en famille, pour prier à l'heure où le prêtre célèbre l'office.

On retrouve un oratoire à peu près semblable dans la plupart des groupes de chalets des hauts pâturages ; avec les croix commémoratives d'accidents mortels, c'est le genre de monuments le plus répandu dans la Haute-Maurienne.

En parcourant ces montagnes si belles, mais, jusqu'à présent, peu aménagées pour le tourisme, et si peu fréquentées, on a l'impression que la jeunesse française est dominée par le souci du bien-être. La théorie du moindre effort triomphe. On fait de l'auto, on se fait véhiculer en Suisse, à prix d'or, et on abandonne aux étrangers les charmes de l'alpinisme sac au dos.

M. le Président, après avoir rappelé toute la part que, depuis quelques années, le lieutenant Lamouche a prise aux travaux de la société, le remercie vivement de la façon, en tous points remarquable, dont il nous présente ces notions ethnologiques et géographiques. Il lui remet une grande médaille.

SÉANCE DU VENDREDI 24 JANVIER 1908

Présidence de M. CHOLET, Vice-Président

Après lecture et adoption du procès-verbal de la précédente séance, il est procédé à la réception, comme

Intérieur de la chapelle Saint-Sébastien à Lanslevillard

(Ces peintures murales, dues à un peintre local, datent de 1518)

membres titulaires, de M. de Brévedent et de M. Brohan.

M. le Président donne ensuite la parole à **M. FRANCIS MURY,** l'explorateur connu, qui veut bien nous dire ce qu'est aujourd'hui **LA CORÉE.**

Qualifié entre tous pour parler de ce pays qui, un instant, retint l'attention du monde, la communication qu'il nous présente revêt encore un caractère de réelle actualité. Rien n'est, en effet, moins stable que la situation politique de cette presqu'île, naguère si calme, actuellement asservie à la domination nippone.

Constituée, presque en son entier, par une massive péninsule qui s'avance entre les mers Jaune et du Japon vers l'île japonaise de Kiou-Siou, la Corée est, d'autre part, limitrophe de la province sibérienne de Vladivostock. D'une superficie d'environ 218,000 kilomètres carrés, elle n'est peuplée que de 12 ou 13 millions d'habitants. Une chaîne, qui décroît du Nord au Sud de 2,400 à 1,500 mètres, suit, à peu de distance, la côte orientale.

Le climat se ressent de la proximité des étendues mongolo-sibériennes; la Corée connaît l'hiver des froids de — 16° C ; l'été, le thermomètre s'élève jusqu'à + 34° C. Au nord de Séoul, les froids sont plus rigoureux encore, les fleuves y gèlent l'hiver. La péninsule reçoit l'été des pluies abondantes. Les fleuves sont peu navigables. Le Ya-Lou qui, dans la guerre russo-japonaise, fut un élément stratégique très important, est navigable sur plus de 200 kilomètres.

Pendant des siècles, la Corée demeura peu connue, complétement fermée aux Européens, qui, d'autre part, n'en pouvaient sortir quand le hasard des naufrages les jetait sur ses côtes inhospitalières. D'infortunés navigateurs firent ainsi souche dans ce pays, qui les retenait en otages, et il est facile, aujourd'hui encore, de déceler à leurs types les descendants de ces exilés.

L'origine de l'empire de Corée est très mystérieuse. Il nous faut arriver au xiie siècle avant notre ère pour avoir des renseignements authentiques. On voit alors un prince révolté, de la dynastie des Chang, en Chine, nommé Ki-Tszé, fonder un Etat en Corée, et l'empereur Wou-Wang, auquel il s'était soumis, le reconnaître. Les Japonais commencèrent dès cette époque a nouer des relations avec la Corée. Les relations très cordiales qui avaient toujours régné entre la Corée et la Chine s'éteignirent quand l'Empire du Milieu fut conquis par les Tartares Mandchoux.

On voit qu'il faut aller chercher très loin les causes de la grande guerre sino-japonaise de 1894 : le Japon voulait que la Corée fût complétement libre, tandis que la Chine entendait la mettre sous son protectorat. Le 26 août 1894, la Corée signa avec le Japon un traité d'alliance dont le but était de maintenir son indépendance et de chasser de son territoire les troupes chinoises. Ces dernières furent écrasées par les Japonais, et, par le traité de Shimonosaki, la Corée fut déclarée indépendante.

Les événements récents de la guerre russo-japonaise ont mis nettement en évidence l'attitude du Japon. Par le traité du 5 septembre 1905, la Corée a reconnu l'influence exclusive du Japon sur la Corée.

Quels sont donc les habitants de ce pays, si étrangement ballotté par la destinée depuis sa création en Etat? Physiquement, de taille élancée, les traits suffisamment réguliers, les Coréens peuvent passer pour de beaux hommes. Il est difficile de porter un jugement aussi heureux en ce qui concerne leurs mœurs. Paresseux, de caractère veule, ils sont tous essentiellement voleurs. Pressurés par leurs gouverneurs, ils ne veulent, à juste titre, récolter que ce qui est indispensable à leur subsistance, le superflu devenant trop facilement la propriété des administrateurs provinciaux.

La situation malheureuse qui a, presque de tout temps, été le partage de ces infortunés Coréens, tient donc non seulement à la position exceptionnelle de leur pays, pris en sandwich entre deux grandes puissances, mais aussi à leur caractère apathique, à leur défaut complet de sens moral.

Nous avions su nous créer en Corée une situation de première importance, et l'on pouvait compter, jusqu'à ces dernières années, quarante fonctionnaires français. A Séoul, la cathédrale catholique et notre consulat sont les derniers témoins de notre influence passée. En prenant possession de la Corée, les Japonais ont expulsé tous les éléments étrangers. Leurs procédés envers les indigènes se passent de tous commentaires. Après avoir fait assassiner l'impératrice, déposer l'empereur, qui se permettait quelque velléité de résistance, ils continuent chaque jour leur œuvre sanglante sous les prétextes les plus futiles. M. Mury exhibe des photographies montrant quelques malheureux paysans ficelés à des poteaux, que des soldats japonais, sous les ordres de leurs officiers, font lentement mourir, et ce fait, au milieu de beaucoup d'autres, prouve que la civilisation, dont se vantent tant les Japonais, n'est qu'un léger vernis de notre vieille civilisation occidentale. La race jaune semble, d'ici longtemps, devoir garder ses instincts de cruelle sauvagerie.

Qu'adviendra-t-il désormais de la presqu'île coréenne?

Trouvera-t-elle en quelques années, quand les esprits seront calmés, le calme dont elle a si grand besoin? Nul ne peut le dire, mais on peut souhaiter que cette malheureuse contrée qui, si longtemps, servit de champ clos à ses compétiteurs, puisse enfin mériter les qualifications de tranquillité qui s'attachent à son nom.

M. le Président, après avoir remercié M. Mury de sa conférence si documentée, lui décerne le titre de membre correspondant de la Société de Géographie de la Loire-Inférieure.

SÉANCE DU VENDREDI 14 FÉVRIER 1908

Présidence de M. LINYER, Président

Depuis quelques années, des croisières sont fréquemment organisées pour visiter la Scandinavie et ses fjords merveilleux. Le Spitzberg, ou, tout au moins, le cap Nord sont les points extrêmes de ces voyages. Ces pays septentrionaux ajoutent, au charme spécial qui les caractérise, un intérêt incontestable au point de vue industriel et économique. Les chaînes de montagnes, qui constituent leur arête, recèlent d'incomparables richesses. Dans la province de Laponie, très proche de la frontière norvégienne, se trouvent, en particulier, de hautes collines, si riches en magnétites, qu'elles ont reçu le nom de montagnes de fer. C'est de ces montagnes et du **CHEMIN DE FER TRANSLAPON**, créé pour leur exploitation, que **M. PARMENTIER**, veut bien nous parler.

Cette conférence, faite à la Société de Géographie de Paris, eut le plus grand succès, nous dit son organe : *La Géographie.* Elle a été illustrée de belles photographies, dans lesquelles ont été intercalés des tableaux synoptiques, des notes statistiques. Ce procédé nouveau est à noter en ce qu'il souligne les points sur lesquels le conférencier se propose de porter et de retenir l'attention de l'auditoire.

Le cap Nord est le terme d'un voyage en Scandinavie. Jusqu'à ces derniers temps, on ne connaissait guère d'autre route pour atteindre la pointe extrême de notre continent que celle des fjords de Norvège. Mais, depuis 1903, date de l'achèvement du chemin de fer translapon, un nouvel itinéraire est offert à la curiosité du voyageur. Ce chemin de fer, qui, sur un parcours total de 1,581 kilomètres, part de Stockholm, traverse la Suède dans toute sa longueur et la Laponie dans toute sa largeur, pour aboutir au port norvégien de Narvik, presque sur les bords de l'océan Glacial, offre l'avantage de parcourir la Suède avec ses grands fleuves, ses forêts et ses mines de fer, sans toutefois supprimer la Norvège, puisqu'on la retrouve à l'extrémité de la ligne et dans sa partie la plus pittoresque.

Le chemin de fer translapon. — M. Parmentier fait d'abord l'historique des chemins de fer en Suède, depuis le jour où John Erikson construisit la première locomotive, jusqu'à l'époque actuelle, où la Suède compte 12,372 kilomètres de voies ferrées.

Il décrit ensuite le chemin de fer translapon, qu'il définit ainsi : chemin de fer d'intérêt surtout économique, reliant Luleå à Narvik (481 kilomètres), par Gellivara et Kiruna, les deux grands centres miniers, et servant, d'une part, au transport du minerai de

Gellivara à Luleâ, et, d'autre part, au transport des minerais de Kiruna à Narvik. A l'embranchement de Boden, situé à 36 kilomètres ouest de Luleâ, la grande ligne de Stockholm à Narvik rejoint le chemin de fer translapon proprement dit.

Le parcours. — Les habitations. — A partir de Stockholm, le train, qui d'abord se dirige vers l'ouest, fait à Krylho un coude violent vers le Nord, direction qu'il conservera jusqu'à Boden, à une distance de 60 ou 80 kilomètres de la côte occidentale du golfe de Bothnie.

En dehors des villes de plus en plus rares, impossible de découvrir aucun village. Chez nous, les maisons s'agglomèrent autour du clocher ; ici, au contraire, elles s'espacent et se fuient les unes les autres. Comme les anciens Germains, dont parle Tacite, les Scandinaves aiment l'isolement; mais, comme les Germains aussi, ils savent, aux heures du danger, se réunir autour de leur roi pour défendre la patrie. M. Parmentier évoque à ce propos l'héroïsme des paysans de la Dalécarlie, berceau de l'indépendance suédoise. A défaut de village, on pénètre dans le *gård*, à la fois ferme et hameau, composé d'une dizaine de maisonnettes en bois, peintes en rouge, rehaussées de filets blancs aux angles et à la bordure des fenêtres, qu'exploite une colonie de serviteurs sous l'autorité absolue, mais toujours paternelle, du chef de famille.

Les forêts et les fleuves. — On entre dans la région des forêts et des grands fleuves : l'Indalself, avec sa « Chute morte » et ses trente-six « marmites des géants », l'Angermanelf, le Rhin de la Suède, avec ses « nipor » et son magnifique pont, le Forsmobro, le Skellefte elf, la Pite elf, la Lule elf. M. Parmentier profite de la

traversée des forêts pour donner des détails fort intéressants sur leur étendue, leurs essences et l'industrie
forestière en Suède.

Peu à peu, les forêts s'éclaircissent, la terre végétale
disparaît. D'énormes blocs de granite jonchent le sol.
Toute la Suède, depuis Malmö jusqu'à Haparanda, est
recouverte de ces souvenirs chaotiques de l'époque
glaciaire. Mais, dans ces régions septentrionales, ils
sont de plus en plus nombreux. Aussi les arbres sont-ils
chétifs et rabougris, et nous ne trouvons plus que des
pins et des bouleaux lilliputiens.

Le soleil de minuit. — A la station de Polarecirkeln,
on franchit le cercle polaire pour entrer dans la zone
du soleil de minuit.

Nous sommes en pleine Laponie, pays autrefois
désert, habité par les seuls Lapons.

Aujourd'hui, la Laponie est devenue prospère, grâce
à l'exploitation de ses mines de fer.

Comme il l'avait fait précédemment pour l'industrie
forestière, M. Parmentier, interrompant le récit de son
voyage, parle avec une grande abondance de documents de l'industrie minière.

Les mines de fer. — Les mines de Gellivara sont distribuées sur une étendue de 7 km. en filons, perpendiculaires et espacés, qui s'enfoncent dans le gneiss de la
montagne. Le minerai de Gellivara est entièrement
expédié sur Luleå, port qui malheureusement gèle en
hiver, immobilisant ainsi le trafic. Luleå possède, à
Svarto, son port de commerce, les deux seuls hauts
fourneaux de la Suède, qui fondent 80,000 tonnes.

Jusqu'en 1898, le chemin de fer ne dépassait pas
Gellivara.

La découverte et l'exploitation de nouvelles mines

au-delà de Gellivara rendent nécessaire la prolongation de la ligne, et, comme la distance entre le dernier centre minier de Kiruna et les côtes de l'Atlantique est relativement minime (170 km.), on décida d'atteindre, par le chemin de fer, le port norvégien de Narvik, profondément abrité au fond de l'Ofoten Fjord et ne gelant pas l'hiver, à cause du Gulf-Stream, d'où le transport du minerai pour l'Angleterre et les autres pays pouvait s'effectuer facilement et d'une manière plus économique à travers l'Atlantique.

Kiruna, dont la fortune a suivi celle du chemin de fer, ne compte que quatre ans d'existence. C'est une jolie petite ville, jaillie des rochers, toute construite en villas de bois, disséminées au hasard sur la pente d'une colline couverte de minuscules bouleaux et située sur les bords gracieux et paisibles du Luossajarvi.

Près de Kiruna se trouve la montagne de fer de Luossavara, propriété du gouvernement suédois, mais la montagne de fer par excellence, celle qui jouit d'une réputation mondiale, se dresse en face de la ville, de l'autre côté du lac.

A la différence du minerai de Gellivara, qu'il faut aller chercher en grande partie dans les profondeurs du sol, le minerai de Kiruna se présente à ciel ouvert. Il occupe la partie centrale de la montagne ; il s'étend sur une longueur de 3 km., traverse la montagne sur une largeur de 1,070 mètres, en faisant un angle d'inclinaison de 77 degrés vers l'est, s'élève à 250 mètres au-dessus du niveau du lac et plonge à 200 mètres au-dessous.

Les mines de Gellivara, au contraire, sont espacées sur une étendue de 7 km.

Les mines de Kiruna, connues dès 1735, n'ont été régulièrement exploitées qu'en 1902.

Eté comme hiver, 6 trains, composés de 28 vagons de 35 tonnes chacun, transportent chaque jour le minerai vers Narvik.

L'exploitation annuelle s'élève à 1,400,000 tonnes.

Après avoir donné de très curieux détails sur l'exploitation des mines de Kiruna et sur le travail des mineurs, M. Parmentier étudie la question de la fabrication du fer.

Kiruna et Narvik n'ont pas de hauts fourneaux. C'est à l'état brut que le minerai est exporté.

On s'est demandé souvent si la Suède n'aurait pas intérêt à fondre elle-même son métal. Elle ne le fait pas d'abord à cause de l'abondance de ses mines, ensuite à cause du manque de houille. Le transport du minerai brut de Kiruna à Narvik ne coûte que kr. 4 la tonne ; le prix d'achat et d'importation de la houille viendrait s'ajouter inutilement à ces frais.

Les Lapons. — Sur les bords de Torne træsk, M. Parmentier visite un camp de Lapons. Il raconte avec humeur la vie et les mœurs de ces nomades, restés volontairement en marge de la civilisation, que l'immigration suédoise dans ces régions refoule de plus en plus au-delà du cercle polaire arctique. Il rappelle, en outre, les articles si intéressants de la dernière convention de Carlstad (26 octobre 1905), au sujet du droit de transhumance accordé par la Suède et la Norvège aux Lapons.

En Norvège. — A partir de Riksgransen, gare-frontière, à 522 mètres d'altitude, nous sommes en Norvège. La ligne se déroule en lacets sur une longueur de 41 km., avec une inclinaison maxima de 1 mètre par 100 mètres. Pendant une grande partie du trajet, elle s'enfonce à travers des tunnels, dont les uns sont creusés dans le roc vif, tandis que les autres sont formés de barricades en bois destinées à protéger la voie et les trains contre l'envahissement des neiges.

Narvik, terminus de la ligne, ville de 7,000 habitants, visitée par une flottille de bateaux, qui embarquent continuellement le minerai de Kiruna, est destinée au plus brillant avenir. C'est la ville la plus septentrionale du monde, desservie par un chemin de fer. Elle est, par sa situation, le point de départ d'excursions aux îles Lofoden, au cap Nord et au Spitzberg. A quatre jours de Paris, elle évite aux touristes qui s'y rendent, par la voie nouvelle et peu coûteuse du chemin de fer translapon, les fatigues d'un long voyage en mer : deux journées de navigation la séparent du cap Nord et six journées seulement du Spitzberg et de la banquise.

Avenir social et international du translapon. — Le chemin de fer translapon est un chemin de fer essentiellement économique. Pour cette raison, sa portée sociale est considérable. Les 290,000 kilomètres carrés de la Suède du Nord sont occupés par 1 million d'habitants, tandis que les 160,000 kilomètres carrés de la Suède du Sud en comprennent 4 millions. Il sera désormais possible au surplus de la population qui, jusqu'à nos jours, émigrait si facilement aux Etats-Unis, de se livrer en Laponie à un travail rémunérateur. La Laponie, avec les immenses richesses de son sous-sol, offre un débouché naturel à l'activité nationale : à quelques-uns, elle donnera la fortune ; à tous, elle assurera le bien-être — à coup sûr, ce ne sera pas une terre d'exil.

Le chemin de fer translapon, qui n'est encore qu'un chemin de fer d'intérêt local, est appelé à devenir prochainement un chemin de fer international. En effet, les travaux sont déjà commencés pour relier Boden au terminus du chemin de fer de Finlande. Lorsque cette nouvelle ligne sera terminée, le port de Narvik sera en communication directe avec Vladivostok, la Chine et le Japon, l'océan Atlantique avec l'océan Pacifique. En même temps, Narvik se trouvera relié par Saint-Pétersbourg avec Samarkand et, plus tard, par Constantinople avec le golfe Persique.

Dans sa conclusion, M. Parmentier rend hommage à la Suède et à la Norvège qui, au prix d'efforts inouïs, ont réussi à construire, dans un pays polaire montagneux, chaotique et désert, les plus audacieux des chemins de fer du monde entier. Il exprime l'espoir que les touristes vont visiter la Laponie nouvelle, active, industrieuse et prospère, entraînant à leur suite les savants, les ingénieurs, les commerçants et les industriels, et que leur séjour en Suède servira à resserrer les liens d'estime et de sympathie avec un peuple extrêmement affable, qui a toujours honoré la France de l'amitié la plus vive et la plus sincère.

En remerciant M. Parmentier, M. le Président s'associe aux sentiments que lui inspire la Suède, ce pays où la science et les arts sont particulièrement en honneur, ce peuple qui a su mener à bien la lutte contre la nature pour l'utilisation d'une des plus grandes richesses de la surface terrestre.

SÉANCE DU VENDREDI 28 FÉVRIER 1908

PRÉSIDENCE DE M. LINYER, PRÉSIDENT

Quand notre Société a la bonne fortune de pouvoir porter à son ordre du jour une conférence faite par **M. PAUL PRIVAT-DESCHANEL**, professeur agrégé de géographie au Lycée Condorcet, elle est assurée d'une bonne, agréable et instructive soirée.

LA NOUVELLE-ZÉLANDE, tel est le pays que le conférencier se propose de nous faire connaître et qui, bien qu'aux Antipodes, a plus d'un point de rapport avec la civilisation de notre vieille Europe.

La Nouvelle-Zélande (1), qui comprend trois îles, l'île du Nord, l'île du Sud et la petite île Stewart, est située dans l'Océan Pacifique Sud, tout à fait à nos antipodes, et correspondrait en Europe à une terre s'étendant de Tanger à Nantes. Sa superficie est de 261,575 kq., presque égale à celle du royaume italien. Sa forme est aussi celle d'une botte, mais d'une botte un peu fatiguée, que n'ont pas dédaigné de s'approprier les Anglais, ces « *chiffonniers des mers.* »

En effet, découverte par le Hollandais Abel Tasman en 1642, puis par le capitaine Cook en 1769, la Nouvelle-Zélande fut occupée par les Anglais en 1840. La corvette française l'*Aube*, frétée par des armateurs de

N. D. L. R. — Les deux clichés qui illustrent ce compte rendu, et qui reproduisent des photos du conférencier, appartiennent à la *Société Normande de Géographie*, que nous remercions de son aimable prêt.

Nantes et de Bordeaux, arriva quelques jours trop tard.

Mais les Anglais ne soumirent pas sans peine les indigènes, connus sous le nom de Maoris. La lutte dura 20 ans. Les conquérants, qui n'avaient que des troupes recrutées parmi les plus pacifistes des hommes, furent souvent battus ; mais, à force d'être battus, ils furent à la fin victorieux, démontrant là, comme plus tard au Transvaal, ce que peut l'indomptable énergie et l'admirable ténacité de la race anglo-saxonne.

Là-bas, beaucoup de choses paraissent bizarres et souvent sont au rebours de ce qui se passe chez nous. Les villes sont peu nombreuses et peu développées : *Auckland*, 67.000 habitants ; *Wellington*, 44,000 hab. ; *Christchurch*, 57,000 hab. et *Dunedin*, 52,000 hab., et c'est des quatre la plus petite qui est la capitale. Ces cités sont construites, les unes — comme Wellington — tout en bois, les autres en briques et en pierres.

La population, non compris les 42,000 Maoris qui restent encore, s'élevait, au recensement du 20 avril 1906, à 888,437 habitants. Elle est composée d'Anglais, Ecossais et Irlandais, de quelques Chinois, Japonais, Américains et Allemands. Il n'y a pas de Français.

Pour bien voir le pays, on peut prendre le chemin de fer : le plus rapide ne fait pas 25 kilomètres à l'heure. il part quand il veut, et il arrive quand il peut. Mais on y a pleine sécurité : pas de collisions possibles, car, par ligne, il n'y a qu'un train ; quand il est arrivé à une extrémité, il retourne à l'autre.

L'ossature de l'île du Sud (1) est constituée par une

(1) *Ao-téa-roa*, en maori, c'est-à-dire « le long nuage blanc », en raison de l'aspect des montagnes neigeuses de l'île.

haute chaine alpestre ; le mont Cook y atteint 3,768 m.
d'altitude. D'immenses glaciers en descendent, gagnant
au travers d'une végétation tropicale presque jusqu'à la
mer. De très nombreux lacs de montagne donnent au
paysage l'aspect d'une Suisse qui serait transportée
sous le ciel de la Sicile.

Sur les côtes, ce sont des fjords appelés *sounds*, pro-
fonds et abrupts comme les fjords norvégiens.

L'île du Sud jouit d'un climat doux et égal, et rappelant celui de l'Angleterre. Rien n'égale la beauté de ses
sous-bois humides où des lycopodes géants, des fou-
gères arborescentes admirables dressent leurs frondai-
sons légères à 10 mètres et 15 mètres de hauteur, au
milieu des pins (1) et des palmiers.

Si la végétation est très particulière, la faune est
encore plus spéciale. Pas de mammifères, sauf ceux
importés d'Europe, mais une abondance et une variété
extrême d'oiseaux qui fait de ce pays une immense
volière. Il en est de bien curieux, tels les oiseaux cou-
reurs aux fortes pattes, aux ailes atrophiées, aux plumes tournant au poil comme le *kivi* (2) ou comme le
moa (3) aujourd'hui disparu.

Parmi les nombreuses espèces de perroquets, nous
devons signaler le *kea* (4), qui a pris l'habitude de
manger de la viande : armé d'énormes serres, il attaque
les moutons et, à coups de bec, leur arrache les rognons

(1) Ils appartiennent au genre *Dammara*, *Podocarpus*,
Dacrydium, etc.

(2) *Apteryx Mantelli*.

(3) *Dinornis*, dont les espèces varient comme taille de
1 à 3 m. 1/2

(4) *Nestor mirabilis*.

Comment les enfants vont à l'école en Nouvelle-Zélande

Chef Maori tatoué

dont il est particulièrement friand. Le *kea* est donc un véritable fléau pour un pays où l'élevage du mouton porte sur 19 millions de têtes.

En effet, le climat est éminemment favorable à l'agriculture et à l'élevage. On y récolte du blé, de l'avoine, de l'orge. Les bêtes à cornes, au nombre de 1,200,000, donnent lieu à un grand commerce de conserves expédiées en Amérique et aussi, avec les moutons, à une exportation très active, sur Londres, de viandes congelées.

*
* *

L'île du Nord forme un contraste complet avec celle du Sud : c'est une île volcanique, au sol tourmenté. On y trouve de nombreux cratères, dont 3 en activité : *Tongarino, Tarawera, Waikari.*

Le célèbre district des lacs (1) renferme tous les types volcaniques, fumerolles, solfatares, sources d'eau bouillante, volcans de boue, *geysers* : ceux-ci jaillissent par intermittence, et le plus grand lance une gerbe écumante jusqu'à 80 mètres dans les airs. C'est sur le lac chaud de *Rotomahana* qu'étaient autrefois les célèbres *terrasses roses* et les *terrasses blanches*, formées par les dépôts de la source siliceuse et bouillante de *Teterato*, spectacle idéal détruit en 1886 par l'éruption du *Tarawera*.

En 1888, un médecin d'*Auckland* découvrit que les sources d'eaux bouillantes avaient des propriétés thérapeutiques variées. Des sanatoria poussèrent bientôt de

(1) Ils sont au nombre de seize. Le principal est le lac *Taupo*, qui est de moitié plus étendu que le lac de Genève.

toutes parts, où les malades ne tardèrent pas à affluer et dans lesquels, s'ils ne trouvèrent pas à guérir les maux qu'ils avaient, ils en gagnèrent d'autres qu'ils n'avaient pas.

Le climat ressemble au climat méditerranéen.

La végétation est caractérisée par une brousse formée d'un arbuste épineux, dit *manuka*, des palmiers (*nikau-palm*) et des pins, principalement le *kauri* (1). Ce pin, aujourd'hui localisé dans la longue presqu'île qui termine au N.-O. l'île septentrionale, atteint parfois 60 à 70 mètres ; très droit, d'un feuillage sombre, il est exploité pour son bois, qui résiste aux fourmis blanches, et pour sa gomme, qui se trouve à la fourche des branches ou dans les racines : cette gomme sert à faire des vernis.

L'industrie originale de l'île du Nord est l'élevage des autruches. Il y en a deux espèces : l'autruche du Cap, à jambes grises, et l'autruche de Barbarie, à jambes roses. Elles sont élevées sur des *Stations*, dans de vastes enceintes cerclées en fils de fer, dites *paddocks*. On y compte de 200 à 1,000 autruches à la fois. Les femelles sont petites et ont un plumage gris médiocre ; les mâles sont les animaux de valeur : on les plume à la main tous les 8 mois ; un animal rapporte de 90 à 120 fr. On distingue trois sortes de plumes : 1º plumes de corps ; elles fournissent le bonnet national des Ecossais ; 2º plumes de queue, sans grande valeur, utilisées à faire des plumeaux ; 3º enfin plumes d'ailes, employées pour les chapeaux, éventails, boas, etc. Elles donnent lieu à un commerce de 30 millions de francs chaque année.

(1) *Dammara australis.*

Les indigènes néo-zélandais, les Maoris, dont nous avons déjà parlé, étaient au temps de Cook 200,000; on n'en compte plus que 40,000 dans l'île du Nord et 2,000 dans l'île du Sud. De race polynésienne, comme les habitants de Tahiti, de Samoa, des îles Sandwich, ils ont les cheveux très noirs et le teint va du bronze clair au brun foncé. Les femmes ont de beaux yeux d'un noir velouté; elles sont généralement corpulentes et ont le nez trop gros. Elles fument et prisent avec passion, et, dit M. Privat-Deschanel, leur nez leur coûte aussi cher que le gosier de leur mari. En effet, cette race belle et intelligente est avilie par des goûts d'ivrognerie absolument incorrigibles.

Les Maoris pratiquent la polygamie. Les divorces sont d'une remarquable fréquence, les mœurs sont dissolues, et les jeunes filles se montrent étrangement prodigues de leurs charmes.

Autrefois, le tatouage était très pratiqué. Au moyen d'incisions faites avec un os d'albatros ou un coquillage, l'opérateur enlève des lanières de chair, et verse ensuite dans la plaie une teinture violette extraite de la véronique. L'opération dure plusieurs jours et est extrêmement douloureuse. Les têtes tatouées ont une grande valeur pour les collectionneurs. Aussi les Maoris vendent-ils leur tête de leur vivant et, comme ils emploient à boire le prix de cette cession, on dit couramment d'un ivrogne « qu'il boit sa tête. »

Les Maoris étrient cannibales, mais aujourd'hui ce n'est plus qu'un souvenir, et seuls quelques vieillards parlent encore, en connaissance de cause, du bon goût de porc qu'a la viande humaine bouillie !

Quant aux colons, dont le type est à peu près celui de l'Irlandais, ils forment une société très démocratique et égalitaire L'instruction publique apparaît très développée, mais, si elle est obligatoire et laïque, elle n'est pas gratuite, car, chose singulière, les Néo-Zélandais ont maintenu une petite redevance par écolier.

*
* *

Ce qui, assurément, mérite une étude toute particulière, c'est la société politique. La Nouvelle-Zélande a été un véritable laboratoire social où furent essayées toutes les réformes démocratiques et sociales.

Le parti ouvrier (*labour party*) par son alliance, en 1890, avec le parti libéral-démocrate, opposé au parti conservateur, est devenu le maître incontesté du gouvernement. Faut-il citer quelques-unes des réformes ou, si l'on veut, des changements apportés dans l'organisation politique ou sociale ? On n'a que l'embarras du choix : Maximum de travail (8 heures), minimum de salaires, repos bi-hebdomadaire, assurances par l'Etat, impôt progressif sur le revenu, limitation de la grande propriété, retraites ouvrières, arbitrage obligatoire, placement par l'Etat des ouvriers et employés, pensions aux sans-travail (y compris des sans-travail surnuméraires ! ! !), etc., etc.

Le grand artisan de ces réformes a été Richard-John Seddon, véritable type de l'homme d'Etat colonial, né à Ecelesten (Lancashire) en 1845. Chercheur d'or, puis cabaretier en Nouvelle-Zélande, il se fit élire député en 1879. En 1880, il était ministre, puis, en 1903, premier ministre et réunit entre ses mains presque tous les services. Il devait son influence absolument prépondérante à sa haute intelligence, mais aussi à une véritable puissance d'affirmation, apportant la conviction que les promesses faites seraient ou étaient déjà réalisées ! Seddon est mort en 1906.

Mais, malgré leurs expériences socialistes, les Néo-Zélandais n'en sont pas moins ardemment dévoués aux intérêts de l'empire britannique. Eux aussi rêvent d'impérialisme. Ils ne dissimulent point leurs visées de domination sur les colonies françaises, allemandes ou américaines du Pacifique. Ne nous y trompons pas : des races nouvelles s'organisent ayant pour elles l'audace et la confiance que donne toujours la jeunesse ; elles menacent fort notre vieux monde au point de vue économique !

*
* *

De vifs applaudissements témoignent au conférencier de l'intérêt qu'a pris l'auditoire à son récit et à ses curieuses photographies. Au nom de tous les auditeurs, M. Linyer remercie M. Privat-Deschanel de sa conférence si documentée et lui remet une grande médaille d'argent.

Actualités Géographiques

INDO-CHINE

Les indigènes pourront devenir fonctionnaires coloniaux

Le *Courrier d'Haïphong* donne des détails sur le projet concernant l'accession des Indo-Chinois aux emplois du cadre français des diverses administrations de la colonie.

Ce projet statue que les Indo-Chinois pourront être nommés, au même titre que les Français, aux emplois administratifs et judiciaires et aux offices publics, lorsqu'ils justifieront des mêmes conditions d'âge et de capacité professionnelle que celles exigées des citoyens français, et qu'ils auront satisfait aux obligations militaires qui leur seront imposées par un décret ultérieur.

Ce service militaire aura la même durée que celui qu'on exige des citoyens français et devra être accompli en Indo-Chine, dans les corps indigènes ou mixtes, où les intéressés seront groupés en pelotons spéciaux, pour y recevoir un enseignement conforme au programme des candidats sous-officiers.

Ils pourront, avant de terminer leur service, être autorisés à subir les épreuves d'un examen militaire, en vue de l'obtention du grade de sous-lieutenant de réserve dans les corps de tirailleurs indigènes.

Les brevets et diplômes que produiront les candidats aux fonctions publiques françaises devront être identiquement les mêmes et obtenus à la suite d'examens portant sur les mêmes programmes que ceux imposés aux citoyens français.

Le projet indique quelles sont les fonctions qui devront être réservées aux Français, à l'exclusion des indigènes, et qui sont celles de la magistrature proprement dite ; celles d'inspecteur des services civils, d'administrateur chef de province et de commissaire de police, de trésorier payeur général, d'inspecteur et receveur de l'Enregistrement. La solde des fonctionnaires est fixée aux deux tiers de celle de leurs collègues français.

La Convention de Délimitation
de la frontière Congo-Cameroun
A ÉTÉ SIGNÉE A BERLIN

Le protocole du 9 avril 1908, qui a délimité à nouveau les possessions françaises du Congo et la colonie allemande du Cameroun, a concilié d'une manière équitable les intérêts des deux puissances dans cette partie de l'Afrique.

Cette rectification de la frontière se trouvait inévitable, des erreurs graves ayant été constatées dans les données géographiques qu'on avait utilisées pour une délimitation antérieure du Congo et du Cameroun, celle qu'avait consacrée la convention du 15 mars 1894.

C'est ainsi qu'un centre important, celui de Koundé, attribué à la France, était situé, non comme on le supposait, en 1894, dans le voisinage immédiat du méridien-frontière (12º 40" de Paris), mais beaucoup plus à l'ouest, constituant une sorte d'emprise en territoire allemand. De même, le cours du Chari, à l'intersection du dixième parallèle, était sensiblement plus orienté vers l'est qu'on ne l'avait pensé.

A un autre point de vue, dans la partie nord de la frontière, les Allemands s'étaient établis à Bender, au centre d'une contrée riche et peuplée, pays d'élevage et de culture ; or, vérification faite, Bender avait ensuite été reconnu se trouver à quelque distance au sud du dixième parallèle, c'est-à-dire dans le territoire que la convention de 1894 attribuait à la France.

Enfin, cette même convention prévoyait que des lignes naturelles seraient, autant que possible, substituées aux limites artificielles provisoirement adoptées ; cette absence de frontières naturelles n'avait d'ailleurs pas été étrangère aux incidents qui s'étaient produits au cours des dernières années sur les confins des possessions françaises et allemandes.

Les délégués des deux pays, dans les conférences qui se sont poursuivies à Berlin, ont tenu compte de ces diverses circonstances, et la solution à laquelle ils se sont arrêtés doit être jugée très satisfaisante.

Le protocole du 9 avril 1908 peut, en effet, s'analyser de la manière suivante, en ce qui concerne l'Allemagne, d'autre part.

En ce qui concerne la France sur la frontière nord du Cameroun, l'Allemagne renonce à Bender. Elle consent, en outre, à une rectification de la limite, nous assurant, sur une superficie de 8,000 kilomètres carrés environ, une partie du triangle compris entre le Chari, le Logone et le dixième parallèle. Cette rectification fait disparaître l'avancée, quelque peu singulière, que le territoire du Cameroun formait vers le Chari, dans la direction du poste allemand de Milton.

Elle nous assure, en outre, une route directe entre Bousso et Laï, mettant en communications constantes, en dehors de la zone ravagée par la mouche tsé-tsé, les pays voisins du Tchad, riches en bétail, et les territoires du Moyen-Congo.

Sur la frontière Est-Cameroun, la France obtient une extension de territoire à l'ouest de Lamé, de manière à fortifier sa situation dans le bassin du Malyo-Kebbi. Elle conserve Koundé, et avec Koundé, à l'ouest de l'ancien méridien-frontière (12° 40'), la plus grande partie du territoire qu'elle ne pouvait garder, d'après le traité de 1894, sans donner une compensation à l'Allemagne.

Au nord de Koundé, une rectification de la limite, en suivant la ligne de partage des eaux, entre le bassin du Lour et le bassin du Congo, lui assure, en outre, le cours supérieur des rivières Nouer et Mambéré.

Sur la frontière sud, en substituant autant que possible des lignes naturelles à la limite artificielle déterminée par la convention de 1894, la France se trouve avoir accès, au nord de l'ancien parallèle-frontière, aux rives, très peuplées, du N'tem, du Koui et de l'Aona, les acquisitions et les pertes réciproques de territoires qui se produisent sur la frontière sud, par suite de l'adoption de frontières naturelles, se traduisent finalement au profit de la France par un gain territorial de 400 kilomètres carrés.

En ce qui concerne l'Allemagne, sur la frontière nord, elle obtient, au nord de Biparé (Bifara), une rectification de frontière qui doit faciliter les communications intérieures du Cameroun entre Carroua et la région située au nord du dixième parallèle.

Sur la frontière est, la nouvelle délimitation lui assure une extension de territoire dans le bassin supérieur du Logone, à l'est du confluent de la M'béré. Plus au sud, elle obtient, avec un léger accroissement territorial, des facilités d'accès plus grandes à la Sangha et à la N'Goko, destinées à améliorer ses communications avec le bassin du Congo.

Ces résultats font le plus grand honneur à M. Duchêne, chef de la mission française, et au commandant Moll, son éminent collaborateur.

LE CUIVRE ET L'ÉTAIN AU CONGO

De nouveaux renseignements publiés sur le district cuprifère et stannifère du Kantaga (au Congo belge) attribuent aux gisements de cuivre 200 milles d'Est en Ouest et 50 milles du Nord au Sud. Des travaux de développement n'ont été entrepris que sur une douzaine de points, et les puits d'exploration n'ont pas été poussés à plus de 40 mètres de profondeur. Si sommaires qu'ils soient, ces travaux de recherches ont permis de relever la présence de 2,000,000 de tonnes de minerai en vue. La teneur de ce minerai ne serait pas inférieure à 13 °/₀.

Quant aux gisements d'étain, ils sont situés le long de la rivière Lualaba, au-dessous des chutes de Noïlo, et ils s'étendraient sur une longueur de 175 milles.

Les conditions d'exploitation sont, paraît-il, favorables, mais les moyens de communication devront être créés de toutes pièces. D'ailleurs, le décret du 3 juin 1906, qui a porté la dette de l'Etat libre à 150 millions, a eu principalement en vue la construction d'une ligne de chemin de fer allant de Stanley Pool au district de Katanga. Un embranchement doit rejoindre la ligne d'Angola, que construisent les Portugais.

LA CHASSE DU PHOQUE ET DE LA BALEINE

aux îles Kerguelen

Un bâtiment norvégien partira ce mois-ci pour les îles Kerguelen. Une société au capital de un million de couronnes (près de 1,500,000 francs) s'est, en effet, récemment constituée pour la chasse du phoque et de la baleine sur l'archipel.

Le contrat, approuvé par le gouvernement français, stipule, pour les deux premières années, le droit exclusif de la Société à pêcher la baleine sur ce groupe d'îles. Le droit recevra, dans la suite, certaines limitations.

La chasse de la baleine exigeant des qualités très spéciales, les Norvégiens estiment qu'ils n'auront pas de concurrent. A leur avis, la France pourrait retirer d'importants bénéfices des îles Kerguelen. Le célèbre explorateur sud-polaire Borchgrevink estime, notamment, qu'on y entreprendrait avec succès l'élevage du renne.

[Les îles Kerguelen sont situées à égale distance du sud de l'Afrique et de l'Australie, à la limite de l'océan Antarctique. La principale de ces îles, appelée la Désoation, appartient à la France.]

Réalité et Possibilité Marocaines

Une Conférence du Marquis de Segonzac

Le marquis de Segonzac, dont on n'a certainement pas oublié le récent voyage au Maroc, vient de faire, à l'Ecole des Hautes Etudes commerciales, à l'occasion du Congrès colonial français, une longue et remarquablement documentée conférence sur le Maroc.

Le titre de cette conférence était : Réalité et Possibilité Marocaines. La réalité marocaine, c'est, aux yeux du conférencier, un empire, non point jouissant d'une unité politique et d'une cohésion religieuse, comme on se le figure généralement, mais simplement une mosaïque de tribus berbères essentiellement démocratiques, pour qui l'indépendance paraît toujours avoir été une question vitale. Si nous méconnaissons cette réalité, nous nous préparons les pires déboires.

Le passage particulièrement digne de retenir l'attention de la conférence de M. le marquis de Segonzac a trait à la domination portugaise au Maroc, qui montre que l'empire chérifien est parfaitement capable de subir une influence, voire même une domination étrangère. L'histoire nous fournit une leçon incomparable, dont nous devons profiter.

Les Portugais débarquent au Maroc en 1415, devant le port de Ceuta, avec 6,000 fantassins et 2,500 cavaliers. Ils repoussent les troupes du sultan Abou-Sahid. Dix-huit années se passent en luttes défensives, qui prouvent aux Portugais qu'il n'y a pas de repos possible dans la défensive. En 1433, ils organisent une expédition forte de 14,000 hommes. Toutes les tribus montagnardes accourent. Les infants, commandant les troupes portugaises, sont écrasés par une armée forte de 80,000 fantassins et 10,000 cavaliers. L'infant don Fernand est fait prisonnier et meurt en captivité.

Vingt-deux ans plus tard, en 1458, les Portugais tentent une nouvelle expédition au Maroc et échouent de nouveau. Ce n'est que dix ans après qu'une armada, comprenant 50 voiles et 10,000 hommes, parvient à doubler le cap Spartel. Les Portugais descendent le long du rivage Atlantique, prennent et rasent la ville d'Arifa et fondent Casablanca. En 1471, ils font un nouvel effort, cette fois plus considérable : 308 voiles et 30,000 hommes, commandés par le roi Alphonse V lui-même, prennent la ville d'Arzéla, pendant que le fils du duc de Bragance s'empare de Tanger. Au cours de cette terrible campagne, 2,000 Maures sont passés au fil de l'épée et 5,000 réduits en esclavage. Les Portugais

fondent Mazagan et construisent d'importantes forte-
resses, qui deviendront Mogador, Agada, Aglan et Tet,
près du cap Blanc. Partout ils savent créer des points
d'appui excellents destinés à soutenir leur action dans
l'intérieur. Mais leur plus grand mérite : le secret de
leur réussite, c'est qu'ils pratiquent avec une incomparable maîtrise la politique d'extension indigène, orga-
nisant, au fur et à mesure qu'ils conquiert les tribus
Doukkala, Haha, du Sous, celles du Houz, de Merrâkech. Ils s'en font de précieux auxiliaires. Diégo de
Tarrès, l'historien de cette époque, rapporte que les
Portugais pouvaient lever dans les tribus alliées
16,000 cavaliers et 200,000 fantassins, et qu'ils frap-
paient des impositions de guerre jusqu'à huit heures
de Merrâkech.

Ils avaient dans tout le Gharb de grandes et prospères
exploitations et de beaux élevages ; leurs commerçants
possédaient des maisons dans le Sous, dans le Riff et
jusque dans le Tafilelt.

Ce fut la découverte de la route des Indes qui mina
l'activité portugaise au Maroc et la dirigea vers les pays
aux richesses fabuleuses. Une à une toutes les forte-
resses portugaises sont perdues et évacuées. C'est en
1578 que se déroule le dernier acte de l'épopée. Deux
sultans se disputaient alors le trône chérifien. Les Portugais soutenaient l'un, et les Turcs l'autre. Les premiers furent vaincus et forcés d'abandonner à jamais
le Maroc.

Il n'est pas douteux que tous ces événements passés.
évoqués avec tant d'à-propos par le marquis de Segonzac, doivent nous donner à réfléchir. Notre politique
agirait sagement en les méditant, car que d'enseignements dans ces premiers et puissants efforts d'un peuple

européen en vue de pénétrer en cet empire chérifien
que les siècles n'ont pas modifié !

Les Pertes de l'armée allemande au cours de la récente campagne dans le sud-ouest africain

Cette campagne, qui a duré environ trois ans et demi.
a coûté à l'armée allemande 62 officiers et 614 hommes
morts sur les champs de bataille, 26 officiers et
663 hommes morts de maladie, sans compter 2 officiers et 74 hommes portés comme disparus. En outre,
179 officiers et 2,169 hommes ont été blessés dans les
différents combats. Le coût de la campagne dépasse
1,250 millions de francs !

Bibliographie

Trois ans à la Cour de Perse

Tel est le titre de l'ouvrage du Dr Feuvrier, qui nous
initie à la Perse d'antan. Car, maintenant, ce pays a
des institutions parlementaires, et le shah doit se
contenter d'une modeste liste civile. Nul mieux qu'un
médecin ne peut connaître la vie intime d'un peuple ;
sa profession lui permet de pénétrer dans les harems,
de visiter les hauts personnages, de voir à nu l'âme
humaine.

Mais, pour soigner le shah, il ne suffisait pas d'être
nommé son médecin diplômé en France. Le docteur
Feuvrier raconte comment il dut lutter contre ses
confrères persans ; le souverain, tout comme un client
européen, consultait plusieurs médecins à la fois, quitte
à ne suivre les ordonnances d'aucun d'eux. L'illustre
malade était atteint de forte diarrhée, on craignait déjà
une issue fatale, on lui avait fait prendre en vain de la
terre du tombeau de Hossein, le fils d'Ali... On se
décida enfin à consulter le médecin européen ; on l'avait
fait venir d'occident, mais jusqu'alors on le laissait à

l'écart. Une potion au laudanum réussit au-delà de toute espérance, et le docteur Feuvrier devint favori.

Il nous raconte comment il traversa toute la Perse, menant à la suite du shah une vie nomade ; il nous explique les coutumes de ce pays encore si mal connu, la vie de la cour, le harem, les cérémonies royales... enfin, il nous décrit le lugubre choléra qui faucha la population. Il nous parle du Dar-ol-Fonoun, fondé en 1850, sorte de polytecnicum où l'on enseigne tout, voire la médecine. C'est là sans doute que professent les médecins français engagés par le gouvernement. Comme leurs leçons se font en langue française, elles sont traduites en persan par des interprètes, et les élèves, paraît-il, ne s'y intéressent guère.

La Librairie *Garnier Frères* commence la publication d'une série d'*Abrégés Coloniaux*, en faisant paraître aujourd'hui :

MADAGASCAR PAR PROVINCES

Ce qu'on doit savoir pour coloniser

Par A. Durand, ancien administrateur colonial. 1 vol. in-4° illustré, nombreuses cartes en couleurs, cart. 2 fr.

Pour faire ressortir l'importance et le mérite de cet ouvrage, nous ne saurions mieux faire que de reproduire ici le témoignage adressé à l'auteur par M. François Deloncle.

« Voici un bon livre : il présente la grande île telle

qu'elle est, sans rien omettre, sans rien exagérer. L'auteur était bien qualifié pour l'écrire, car nul ne connaît mieux que lui les hommes et les choses de Madagascar. »

Dans cet Atlas illustré, on trouve, méthodiquement exposés et classés, tous les renseignements utiles, toutes les données les plus exactes.

Plus d'école, plus de stage à faire ; nos compatriotes qui se proposent d'aller à Madagascar, soit pour faire du commerce, soit pour créer une industrie ou occuper un emploi, trouveront dans cet ouvrage toutes les indications précises. Nous ajouterons que *Madagascar par Provinces* est approuvé par M. le Ministre des Colonies.

Onésime RECLUS. — **La France à vol d'Oiseau.** 2 vol. in-16 de 566 et 559 p. Paris, Ernest Flammarion. [S. M.] (1908). Prix : 10 francs les deux volumes.

Faire connaître la France aux Français qui trop longtemps l'ont ignorée, leur en révéler les beautés si diverses, les aspects caractéristiques, le charme pénétrant, à cette œuvre M. Onésime Reclus a voué tout entière une vie de probe labeur. Comme son illustre frère, Elisée Reclus, lui aussi a ouvert une voie féconde. Aujourd'hui si l'étude du pays natal a pris la place à laquelle elle a droit et si des milliers de touristes se plaisent à visiter nos diverses provinces, c'est en grande partie à Onésime Reclus qu'on le doit, à ses enthousiastes et véridiques descriptions de notre vieux terroir.

Le nouveau volume que notre collègue a consacré à la France est appelé au même succès que ses devanciers. Tracés avec une sûreté merveilleuse, animés d'un très vif coloris, très personnels, les nouveaux tableaux de nos divers pays que nous donne O. Reclus intéresseront et charmeront. Après un voyage, la lecture de *La France à vol d'oiseau* fera revivre dans la mémoire les paysages admirés et avant le départ elle permettra de faire à coup sûr le choix des itinéraires les plus intéressants. Par ce temps de déplacements continuels, l'œuvre nouvelle d'Onésime Reclus est un compagnon indispensable.

Charles Rabot.

L. de Launay. — **L'or dans le Monde.** Géologie. — Extraction. — Economie politique. Un vol in-16 de 265 p. Paris, Armand Colin. Prix : 3 fr. 50.

M. L. de Launay possède un remarquable talent d'exposition ; sous sa plume toutes les questions soit de géologie, soit d'économie politique, sont posées et discutées avec une clarté et une précision qui, dès les premières pages, séduisent le lecteur. Ces qualités s'observent au plus haut degré dans le nouveau livre du savant professeur de l'Ecole des Mines et en font un ouvrage aussi agréable qu'instructif.

L'or a un rôle géographique de premier ordre. Comme le montre en termes très heureux M. de Launay, sa découverte transforme la nature même et fait tomber les barrières infranchissables par lesquelles elle arrêtait l'invasion des hommes. Ses gisements épuisés, son influence bienfaisante et créatrice persiste. Exemple, la Californie aujourd'hui plus riche par ses vergers et par ses champs que par ses minerais.

Après avoir décrit la formation géologique de l'or, M. de Launay étudie sa répartition dans le passé et dans le présent, puis les conditions de son extraction, et termine par un chapitre économique, d'un puissant intérêt par ses aperçus neufs sur les usages industriels du précieux minerai et sur son emploi monétaire. « Logiquement, dans un délai indéterminé, peut-être lointain, le prix de l'or semble avoir plus de chances d'augmenter que de diminuer suivant la loi admise d'ordinaire », telle est la conclusion du savant géologue.

CHARLES RABOT.

Mathilde ZEYS. — **Une Française au Maroc.** Paris, Hachette et Cie, 1908, 296 pp. 50 figures hors texte. Prix : 3 fr. 50.

Au moment où la question marocaine est devenue presque une question nationale, ce livre vient bien à son heure. C'est une description très vivante et très vécue des choses et des mœurs du Maroc. Elle se lit facilement et agréablement et quiconque a voyagé au Maroc y retrouve, fidèlement relaté, ce qu'il a observé lui-même. Femme elle-même, l'auteur a pu pénétrer chez les femmes marocaines et les deux chapitres qu'elle leur consacre sont particulièrement intéressants. On lira surtout avec curiosité l'histoire de la Chérifa d'Ouezzan, Anglaise, épousée par le plus grand personnage religieux du Maroc, et aujourd'hui mère des deux chérifs qui ont hérité de la toute-puissance religieuse et de l'importance politique de leur famille.

PAUL LEMOINE.

Le Gérant,

P. DAUTAIS.

Jeune fille Maorie

Jeune fille Maorie

Danse de guerre des Maoris

Mouton Néo-Zélandais *(originaire de Mérinos)*

SOMMAIRE

6 photogravures

Comptes rendus

analytiques

des Séances

SÉANCE DU VENDREDI 13 MARS 1908

PRÉSIDENCE DE M. LINYER, PRÉSIDENT

Après les formalités d'usage, le président prononce l'admission d'un nouvel adhérent : Monsieur Bouvron puis souhaite la bienvenue au conférencier et lui donne aussitôt la parole.

Le distingué directeur de la revue Mame, **M. GUER-LIN,** ancien élève de l'Ecole des Chartes, n'avait pas besoin d'être longuement présenté à l'auditoire. Sa réputation d'excellent conférencier l'avait précédé à Nantes et avait réuni au grand complet le public choisi et distingué de nos plus belles soirées.

Dès ses premières paroles, notre attention est captivée, chacun devine le charme et l'intérêt d'une excursion, faite en compagnie d'un guide aussi aimable, aussi documenté que M. Guerlin, **AU PAYS DE LA SÉRÉNADE**, au pays des étudiants campés dans leur cape trouée, des mules aux pompons rouges, de la poussière et du soleil. Nous partons, pleins d'enthousiasme, pour Salamanque la ville rose ! pour les bords savants du Hénarès et du Tormès !

A peine avons-nous franchi la zone verdoyante des Pyrénées qu'un paysage nouveau et tout différent s'offre à nos regards. Nous entrons dans l'Espagne des grandes étendues jamais arrosées, arides et poudreuses. Aussi loin que l'œil peut se poser, il ne découvre que de la poussière et des chaumes. Les toits de tuiles, les terrains, les villages, dont la moitié des maisons sont en ruines, font un premier plan grisâtre, sur lequel s'enlève en vigueur la verdure bleutée des arbres empoussiérés, et tout va se perdre en s'atténuant vers l'indigo harmonieux des montagnes lointaines. Nous sommes dans le royaume de la poussière.

« Si l'on me demandait, dit M. Guerlin, ce qui constitue l'unité du pays espagnol, ce qui fait que, de Pampelune à Cadix, il possède un aspect un peu monotone peut-être, mais très caractéristique, je répondrais sans hésiter que c'est la poussière. Elle matelasse les routes ensoleillées de son tapis blanchâtre et mobile ; elle recouvre les monuments de telle sorte qu'ils semblent se confondre avec le sol. Les arbres, au moindre

BURGOS. — Porte Santa-Maria

Gravure de " *Espagne* ", par Henri GUERLIN (Maison A. Mame et fils, *éditeurs*).

souffle de brise, la secouent comme une légère farine, et le paysan qui se rend au marché juché sur la croupe de sa mule chemine dans un blond nuage, comme les dieux, tels que les représentent les peintres classiques. »

Sur les bords de l'Arlanzon, apparaît bientôt la ville de Burgos, dont l'entrée avec sa porte monumentale de Santa-Maria, est grandiose.

Burgos est une des cités les plus curieuses de l'Espagne. De magnifiques photographies nous permettent d'admirer ses murailles arabes, sa cathédrale avec ses deux clochers et son crucero, toute une floraison de pierre richement sculptée, grand effort d'art de la Renaissance.

Au delà de Burgos la grande étendue blonde, poussiéreuse et dénudée, recommence. Bientôt nous apercevons au bord du rio Pisnerga, au milieu d'une grande plaine désolée, Valladolid.

« Le voyageur qui arrive à Valladolid, dit encore M. Guerlin, ne se douterait pas qu'il se trouve au cœur de la Vieille Espagne, dans l'ancienne capitale de Philippe II. En effet, Valladolid se présente d'abord sous l'aspect d'une ville élégante et très moderne. »

« Si l'on en croyait les enseignes, l'Espagne serait extraordinairement en avance sur tout le reste de l'univers. C'est inouï ce que j'ai vu de magasins « au XXI⁰ siècle » à Valladolid et ailleurs ! En réalité ceci est peut-être l'indice d'un esprit d'économie très prévoyant et signifie seulement que l'on ne veut pas être obligé, tous les siècles, de faire rafraîchir sa peinture. »

« Si, tournant le dos à la ville élégante, on s'enfonce dans les rues commerçantes, on arrive bientôt à une place spacieuse, bordée d'arcades, la plaza de la Constitution. C'est là qu'avaient lieu jadis les combats de taureaux et les exécutions. Nous sommes de plain-pied dans l'Espagne romantique et traditionnelle des sombres drames, des autodafés, des supplices atrocement variés. »

Le plus vénérable monument de Valladolid est certainement l'église Santa-Maria la Antigua, édifice moitié roman, moitié gothique, fondé au Xe siècle.

Successivement passent devant nos yeux, la cathédrale de Valladolid, édifice sans intérêt, d'art morose et froid ; l'Université créée par Alphonse XI au milieu du XIVe siècle ; le collège San Grégorio, avec sa belle façade platéresque ; l'église San Pablo où fut baptisé Philippe II ; le collège de Santa-Cruz, etc.....

Le conférencier sait agrémenter la description des œuvres d'art de scènes charmantes, comme celle-ci : « En rentrant à l'hôtel, nous avons contemplé un gracieux spectacle. Un orgue de barbarie ayant égrené les premières notes d'un boléro, aussitôt, en pleine rue, un bal s'est organisé. Les fillettes du quartier sont accourues, tirant de leurs poches la paire de castagnettes qui ne les quitte jamais, et elles ont formé deux groupes de danseuses. Il y a les petites, plus convaincues, et les grandes, plus correctes. Les plus grandes ont de huit à treize ans ; ce sont déjà de petites femmes ; elles sont flattées d'être regardées, et dansent pour leurs admirateurs. Les petites — six à huit ans — dansent pour elles-mêmes ; et, ma foi, leur science me semble, à moi profane, impeccable. Les figures les plus compliquées leur sont familières. Et rien n'est impayable comme de suivre des yeux leurs petits pieds battant le pavé, leurs petites mains faisant claquer les castagnettes, et les tordions de hanches, et les envolements de jupes à faire jaunir d'envie les ballerines les plus expérimentées. »

VALLADOLID. — Eglise Santa-Maria Antigoa

SALAMANQUE. — Casa de las Conchas

SALAMANQUE. — Statue de Fray Luis de Léon

Gravure de " *Espagne* ", par Henri GUERLIN (Maison A. Mame et fils, éditeurs).

« Le boléro succède à la jota, le fandango au boléro, puis vient une malaguena. Les danseuses sont inlassables. Seuls, la tombée de la nuit et le départ du joueur d'orgue parviennent à dissiper le gentil corps de ballet. »

Après avoir goûté aux lenteurs et aux difficultés d'un voyage en chemin de fer en Espagne, quand on ne suit pas uniquement la grande ligne, nous arrivons à Salamanque un jour de Féria. Nous avons profité d'un des trains supplémentaires, dits trains de corridas, parce qu'ils permettent aux aficionados de tous les pays environnants de se rendre aux courses de taureaux. Cette circonstance fournit à M. Guerlin l'occasion de nous donner de curieux et pittoresques détails sur les seigneurs toreros, la foule endimanchée, les luxueux équipages, les charros ou paysans, etc... La plaza de Toros de Salamanque est fort belle, à en juger par la remarquable description que nous en donne le conférencier.

Salamanque est la ville des étudiants et des romans picaresques ; son nom seul résume toute l'histoire intellectuelle de l'Espagne.

C'est, comme l'a fort bien défini M. René Bazin, « la ville rose. » Tous les monuments ont, en effet, la teinte rosée de certaines terres cuites, et l'on dirait qu'ils reflètent les pourpres d'un éternel coucher de soleil.

Peu de villes sont plus riches en églises et en palais. Parmi les plus beaux monuments il faut citer : le palais de Montherey et la casa de las Conchas ; la nouvelle et la vieille cathédrale ; le pont du Tormès ; la façade plateresque de l'église San-Esteban ; la Torre del Clavero, érigée au XVe siècle par Francisco de Sotomayor, etc.....

« Aujourd'hui, dit M. Guerlin, Salamanque est certainement une des villes d'Espagne où l'on rencontre le moins de mendiants. Cependant une petite fille, au minois fort gentil, nous a abordés en nous demandant un petit sou. Un cavalier qui passait par là lui a crié d'un ton rude : « L'argent des étrangers porte malheur ! » Excellente maxime ! Plût à Dieu qu'on la propageât dans toute l'Espagne. »

Le quartier des étudiants est vraiment curieux, tant par son aspect que par les souvenirs qu'il évoque. Nous voici à la place des Ecoles au milieu de laquelle s'érige la statue du plus illustre maître de Salamanque, Fray Luis de Léon. C'est lui qui, dénoncé à l'Inquisition, fut emprisonné pendant cinq ans, et qui, relâché faute de preuves, reprit son cours en prononçant cette parole mémorable : « Ainsi que je vous le disais hier... », signifiant par là que ce qui s'était passé dans l'intervalle ne comptait pas.

Nous regrettons de ne pouvoir reproduire in-extenso le récit des scènes de la vie d'étudiants, récit que M. Guerlin nous fait dans un langage plein de verve et d'esprit. Relations entre professeurs et élèves, brimades de toutes sortes, tortures de la faim, le ton des dialogues qu'ils échangeaient entre eux, leurs manières des cours de miracles, etc...

Mais le temps nous presse, hâtons-nous car il y encore beaucoup à voir à Ségovie. Du plus loin qu'on la découvre, Ségovie, dominée par sa cathédrale et son alcazar, présente une silhouette pittoresque et fière. Nous apercevons à l'extrémité d'une rue un monument colossal qui barre la perspective. C'est l'aqueduc romain : cent dix-huit arches, distribuées sur deux étages énormes assises de pierres posées à sec, sans mortier ni ciment. Cet aqueduc a donné lieu à des légendes fort curieuses, et aussi à des farces d'étudiants d'un goût discutable.

SÉGOVIE. — Place et église Saint-Martin ; au fond, la Cathédrale.

SALAMANQUE. — Tour du Clavero

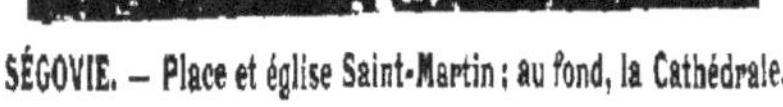

Gravures de " *Espagne*", par Henri GUERLIN (Maison A. Mame et fils, éditeurs).

MADRID. — Statue de Velasquez devant le Prado

Gravure de « *Espagne* », par Henri GUERLIN (Maison A. Mame et fils, éditeurs).

Voici de splendides photographies : la cathédrale et son beau cloître, l'Alcazar, cette forteresse perchée sur son rocher et défendue par le confluent de deux rivières ; l'église de la Vera-Cruz ; le monastère del Parral, aux murailles dorées par la lumière ; la place Saint-Martin, décorée de la façon la plus heureuse par la charmante galerie extérieure de l'église romane de Saint-Martin, etc...

« Chaque pas, dans cette ville merveilleuse, fait surgir une vision d'un passé héroïque et fabuleux ; de belles portes arabes font revivre le temps où les Arabes, drapés dans leurs burnous, étaient maîtres de Ségovie ! »

« Aujourd'hui l'importance stratégique de Ségovie ne compte plus. Les tisserands faisaient jadis sa fortune ; les métiers sont arrêtés et les ouvriers dispersés. C'est maintenant une ville absolument morte. Mais pour le touriste elle a le charme pénétrant des cités jadis prospères, et elle lui laisse un souvenir qui ne s'effacera jamais. »

Après avoir traversé les sites grandioses du Guadarrama, nous arrivons à Madrid, où nous ne ferons qu'une courte halte pour admirer le Prado, assister à la classique relève de la garde et à l'arrivée des hallebardiers magnifiquement harnachés avec leur habit à la française, leur hallebarde et leur baudrier or et argent.

De Madrid nous n'avons que quelques lieues à parcourir pour nous rendre à Alcala. En passant, la vue du château de l'Escurial nous rappelle ces lignes de Théophile Gautier : « Après une visite à l'Escurial nous ne nous ennuierons plus nulle part, car nous penserons que nous pourrions être à l'Escurial et que nous n'y sommes pas. »

Alcala n'est pas, comme on pourrait le croire en pensant à Ximenès, une ville sévère, austère, sombre ; c'est au contraire une cité souriante, rose comme Salamanque, entourée de plus de verdure que la plupart des villes de Castille.

« Ce fut en 1498 que Ximenès posa la première pierre d'Alcala. Tout de suite, il poussa les travaux avec une fièvreuse ardeur. On le vit même, paraît-il, prendre lui-même la règle et l'équerre ; souvent il venait de Tolède pour activer les ouvriers ; enfin, trouvant que les monuments s'élevaient trop lentement à son gré, il fit terminer les murailles en torchis, car, disait-il, « je laisserai assez d'or pour qu'on puisse tout rebâtir en marbre. »

« Les gens du pays prétendaient malignement qu'on n'avait jamais vu « un archevêque aussi édifiant. »

Les étudiants furent bientôt plus nombreux à Alcala qu'à Salamanque à cause de la proximité de Madrid et des plaisirs qu'ils pouvaient y trouver.

Le goût des études n'était pas très développé chez eux. « Au dix-septième siècle, dit M. Guerlin, on connaissait des étudiants qui, « après quinze ans d'inscriptions, ne savaient ni lire ni écrire. Leurs professeurs il est vrai, étaient d'une ignorance presque aussi absolue ».

« Un jour, l'un d'eux, un professeur de grec, reçoit pendant qu'il faisait sa leçon — et quelle leçon pouvait-il faire ! — la visite des gens de la Cour. Il était originaire du Guipuzcoa, et par conséquent ne manquait pas de bravoure. Aussi, sans hésiter, se mit-il à parler la langue de son village. On s'extasiait sur son savoir, lorsqu'un compatriote du professeur fit observer méchamment qu'il parlait basque. »

« Au XVIIIe siècle, Alcala était devenue un « foyer de

MADRID. — Les hallebardiers au Palais royal

ALCALA. — L'Université

Gravures de « *Espagne* », par Henri GUERLIN (Maison A. Mame et fils, éditeurs).

désordre et de confusion ». Un visiteur raconte qu'il a vu tondre des moutons dans les salles de cours. »

La façade de l'Université se dresse sur la plaza Mayor. Elle est vraiment magnifique, d'un arrangement simple et puissant.

M. Guerlin nous raconte dans quelles conditions il a pu visiter le tombeau de Ximenès. L'illustre cardinal, le ministre tout-puissant, celui qui a créé pour ainsi dire l'Espagne moderne, dort oublié dans une tombe dégradée sous la garde négligente d'un barbier. L'église est fermée, Dieu est sorti de son sanctuaire, les étudiants ont déserté l'Université, et l'inscription sépulcrale dit, avec une éloquence qui souligne la réalité misérable : « Moi, François, qui avais élevé aux Muses ce grand Lycée, j'y repose maintenant dans un sarcophage exigu. »

Après une dernière série de belles projections, le conférencier conclut en ces termes : « Si je me suis étendu sur l'Espagne universitaire du passé, en glissant légèrement sur le présent, c'est que la comparaison entre hier et aujourd'hui eût été triste. La critique n'est pas seulement aisée ; elle est pénible. Je me bornerai à espérer que l'Espagne comprendra enfin qu'on ne saurait relever un peuple sans relever le niveau des études supérieures. Il faut qu'elle se hâte de mettre à la disposition de ses futurs dirigeants de bonnes universités et de bons professeurs. »

SÉANCE DU VENDREDI 27 MARS 1908

PRÉSIDENCE DE M. CHOLLET, VICE-PRÉSIDENT

L'année dernière, M. Durand avait exposé devant

notre Société un sujet qui intéressa particulièrement. Il nous parla de la mission que le gouvernement lui avait confiée en Turquie et qui avait pour but l'examen de notre situation commerciale en ce pays.

Aujourd'hui, **M. DURAND** se propose de nous rappeler les principaux faits de la campagne qui acquit **MADAGASCAR** au domaine colonial de la France et de nous dire la part qu'il y prit en qualité d'officier.

Madagascar, grande île de l'Océan Indien, est située à l'est de l'Afrique dont la sépare le canal de Mozambique. Allongée du N.-N.-E. au S.-S.-O., elle mesure plus de 1,600 kilomètres de longueur sur 400 kilomètres de largeur, dépassant sensiblement la superficie de la France.

Un massif montagneux d'une altitude de moyenne de 1,000 mètres occupe une grande partie de l'intérieur de l'île, et s'allonge sur environ 800 kilomètres de largeur, à peu de distance de l'Océan Indien. A l'est, le massif est limité par un haut rebord, dont quelques pics atteignent 1,600 mètres. Le nœud du système orographique, le groupe des cimes de l'Ankaratra proprement dit, a pour point culminant le Tsiafajvona.

La côte orientale est chaude et humide, il y pleut presque toute l'année ; les pluies tombent en averses orageuses de peu de durée, mais se succédant les unes aux autres avec une grande violence, les saisons n'y sont pas nettement tranchées. Sur la côte ouest, chaude également, les saisons ont un régime régulier caractérisé par huit mois de saison sèche et quatre mois de pluies. Sur les côtes, le thermomètre marque en juillet 16°, on observe la température maxima 33° en janvier. A Tananarive, le thermomètre descend à 6° en juin-août et monte à 29° en novembre. Ainsi, à mesure que

Race Antanala   Race Antandroy   Race Antambahoako

Marchands ambulants

Marché aux marmites

TYPES DE FEMMES
Sakalava   Hova   Betsimisaraka

TANANARIVE. — La place Jean Laborde (ancienne place d'Andohalo).

DIÉGO — Le Cap

l'on s'éloigne des bords de la mer, pour gravir les pentes du massif central, on rencontre des climats de plus en plus cléments à l'Européen.

D'après la légende, Madagascar aurait été primitivement habitée par des nains, les Kimos, dont on n'a jamais retrouvé les restes, pas plus qu'on n'a rencontré ceux des « Vazimbas », autres nains dont parle la tradition. Les habitants actuels, désignés sous le nom collectif de Malgaches, sont les uns des nègres, les autres des Malais et des Indonésiens, venus très anciennement des archipels situés au delà de Malacca. Des ruines arabes ont été découvertes près de la côte nord-ouest, dans la petite île de Mandza et une bande d'Arabes s'est établie vers l'an 1025 aux environs de Fort-Dauphin. Le groupe nègre de beaucoup le plus important est celui des Sakalaves, qui occupe les trois quarts de la côte occidentale et s'avance fort loin vers le centre. Les Betsiléos, qui vivent au sud de l'Imerina, forment une population très mélangée. De toutes ces peuplades les Hovas sont les plus importantes. Les habitants de l'Emyrne ont conservé le souvenir d'une origine étrangère et lointaine et les recherches des savants modernes ont confirmé leurs traditions. Par la langue, par les caractères physiques, par certains traits ethnographiques, les Hovas se rattachent aux Malais. Ils s'établirent sur la côte sud-est et s'y maintinrent longtemps, entourés de tous les côtés par les populations noires. Ils finirent par gagner l'intérieur, et au début du XVIIIᵉ siècle, ils commencèrent à étendre leur suprématie sur l'île. Lors de l'arrivée des Français, ils jouaient un rôle prépondérant, mais étaient loin d'avoir entièrement soumis Madagascar à leur domination. Les Hovas sont de petite taille. Ils ont les cheveux noirs et lisses, la barbe

rare, le teint olivâtre, la tête globuleuse, aplatie en arrière, le front large et parfois oblique. Ils se couvrent
de fines étoffes qu'ils fabriquent eux-mêmes. Leurs
habitations sont des cases en tronc d'arbres et en bambou, recouvertes de feuilles. Dédaigneux de l'agriculture,
ils récoltent surtout du riz, qui fait la base de leur alimentation. Actifs et intelligents, fourbes et cruels, les
Hovas avaient tourné toute leur activité vers les choses
de la guerre. Ils vivaient sous un régime monarchique
et les femmes pouvaient régner. Ils avaient d'ailleurs
accepté volontairement l'influence et les leçons des Anglais qui avaient introduit chez eux le protestantisme,
une partie de leur code, l'imprimerie.

Connue des anciens et décrite par certaines géogra-
phies arabes du moyen âge, Madagascar, demeura ou-
bliée des occidentaux jusqu'à sa découverte (1500) par
le Portugais Diego Diaz. Pour l'intérieur, c'est en 1871
seulement, après de très importants voyages, qu'Alfred
Grandidier a publié une première carte exacte du relief
de la grande île. Les voyages postérieurs de Catat et
Maistre, Gautier, Guillaume Grandidier, etc., et les travaux topographiques des PP. Piolet et Colin ont contri-
bué à augmenter nos connaissances sur le pays. Les
Français, à partir de 1642, préludent à la colonisation
de Madagascar en fondant sur les côtes quelques comptoirs et en nouant des relations plus ou moins amicales
avec les indigènes et particulièrement avec les Hovas.
Aussi, quand les Français voulurent, au XIXᵉ siècle,
faire triompher leurs prétentions sur Madagascar, du-
rent-ils lutter contre eux. Notre consul Jean Laborde
fut de ceux qui s'efforcèrent de faire triompher la cause
de notre influence.

En 1883, Ranavalo II étant morte, le premier ministre appela au pouvoir Ranavalo III, dont la traduction du nom malgache est « la Belle aux Oiseaux ». 1885 arrive, la guerre est déclarée.

Nous avions le Tonkin sur les bras, et fîmes à Madagascar le minimum d'effort possible. Nous avons reculé jusqu'en 1895. En 1885, nous avions fait un traité libellé en français et en malgache.

Par l'article 2, le gouvernement français devait désigner un gouverneur général chargé des relations extérieures avec les puissances étrangères. Dans le texte malgache, le traducteur mit que le gouverneur « contemplerait les relations extérieures » au lieu de « se chargerait ». Les divers gouverneurs vécurent sous ce régime et furent les dupes de cette substitution de mots.

En 1895, la guerre fut déclarée. Nos compatriotes étaient soumis aux pires vexations. Après bien des tergiversations, la campagne fut décidée. Il fallut descendre de Tananarive à la côte. M. le Myre de Villers arriva à Tananarive en parlementaire. Malgré son amitié avec le premier ministre, il ne fut pas reçu. Les Français durent s'enfuir de Tananarive le cœur serré, dans une situation dangereuse. M. le Myre de Villers partit le dernier. Les Français s'échelonnèrent de 7 à 12 jours pour faire les 300 kilomètres de cette dure route.

Dans un des gîtes d'étapes, M. Durand fut reçu par un Père jésuite qui l'avertit du danger qui l'attendait (sa tête avait été mise à prix). M. Durand dut se faire couper la barbe et la moustache et descendit avec un convoi de religieuses. Pris pour un père jésuite, il réussit à échapper aux gens postés pour l'arrêter et arriva à Tamatave douze jours avant le convoi de religieuses qui l'avait sauvé et en assez pi eux état.

M. le Myre de Villers y arriva le 14 octobre. Un nouvel ultimatum fut adressé à Ranavalo. Le courrier ne fut pas reçu. Le bombardement du fort Hova commença aussitôt. Le premier coup de canon abattit le pavillon hova et les Malgaches superstitieux s'enfuirent devant la compagnie de débarquement.

Le 13 novembre, le général Metzinger appela M. Durand à Majunga et l'attacha à son état-major en qualité d'interprète.

Majunga avait été choisi comme point d'atterrissement. De Majunga à Tananarive, objectif de l'expédition, les troupes avaient à franchir une route de 480 kilomètres dans un pays presque inhabité, marécageux dans la zone basse et très accidenté par ailleurs, sans route praticable.

Le 14 janvier 1895, le capitaine de vaisseau Bienaimé, à la tête des troupes de la marine, occupa Majunga sans coup férir. Tamatave, principal port de la côte, fut également occupé, mais les Hovas le bloquèrent presque constamment durant les hostilités.

Le 27 mars 1895, la prise de Mahoba nous rendit maîtres de la rive gauche de la Betsiboka. Le 3 avril, le général Metzinger attaqua à Madiana les Hovas qui couvraient Marovay. Le 6 juin, les Hovas fuirent devant nous, et la légion étrangère s'établit de vive force sur l'autre rive de la Betsiboka. Les Hovas se replièrent sur Mevatanava, où ils voulurent nous arrêter, mais la position fut enlevée et le général Metzinger établit son quartier général à Suberbieville. On était enfin sorti de la zone basse.

Andriba, par 900 mètres d'altitude, défendue par des travaux d'art, était une forte position. Prendre ce village, c'était avoir la clé des défilés qui conduisaient à Tananarive. Après un combat d'artillerie, il en fut ainsi fait. C'est alors que le général en chef forma une colonne volante pour achever la campagne : 3,500 hommes, avec 2,500 mulets et 20 jours de vivres, vont franchir les 200 kilomètres sans route qui les séparent du plateau d'Emyrne. Après avoir pris Amprofaka, la colonne que la légion avait baptisée « Marche ou crève » aborda le passage des monts Ambohimena, défendu par quatorze ouvrages. Le 30 septembre, la brigade Voyron marchait sur Tananarive, tandis que la brigade Metzinger exécutait un mouvement tournant ; les Hovas se défendirent bien et l'assaut allait être donné à la ville lorsque le drapeau blanc fut arboré. La reine, effrayée par l'explosion d'obus à la mélinite sur la terrasse du palais, demandait à se rendre.

Le royaume hova avait vécu. La loi du 8 août 1896 déclara Madagascar colonie française.

Le général Galliéni, nommé gouverneur général, arriva à Tananarive le 28 septembre 1896. A cette date, un peu avant midi, il fit savoir à la reine qu'elle aurait à venir le saluer ce même jour à 3 heures. S. M. Ranavalo n'avait pas été habituée à recevoir des injonctions de cette nature ; elle obéit cependant et se présenta au quartier général, accompagnée de quelques-uns des officiers du Palais. Le général l'accueillit courtoisement, tout en lui déclarant très clairement que Madagascar était une colonie française, que ses habitants devenaient sujets français, et que les couleurs françaises devaient désormais flotter seules.

La reine était domptée, mais il n'en était pas de même du premier ministre et du ministre de l'intérieur, qui fomentèrent des révoltes et furent exécutés après condamnation par le Conseil de guerre.

En janvier 1897, la rébellion persistant, il devint avéré

que la reine favorisait ce mouvement insurrectionnel. Aussi, le 28 février, un dimanche, à huit heures, le général envoya au Palais son chef d'état-major pour faire savoir à Ranavalo que la royauté, étant devenue une institution inutile, était abolie. L'ex-reine quitta l'enceinte des palais peu de temps après, dans une filanjona fermée, portée par de vigoureux borizano, qui avaient ordre de ne s'arrêter pour la première halte qu'au delà des limites de l'Imenia.

L'administration du général Galliéni, en tout point remarquable, lui a fait donner dans l'île le surnom de « Mangatsiaka », ce qui signifie « l'homme calme dont la main est légère et heureuse ».

M. Durand termine sa très intéressante conférence en faisant défiler devant nos yeux toute une remarquable série de projections inédites.

M. Chollet remercie chaleureusement le conférencier et le prie de vouloir bien accepter le titre de membre correspondant et la médaille d'honneur de la Société.

SÉANCE DU VENDREDI 10 AVRIL 1908

PRÉSIDENCE DE M. LINYER, PRÉSIDENT

Très sympathiquemant connu dans notre ville, **M. CRÉTAUX** a rapporté d'un séjour fait au **MEXIQUE** des **IMPRESSIONS** et des **SOUVENIRS** qu'il synthétise en une conférence qui fut d'un réel intérêt.

Le nom seul du Mexique, dit-il, évoque, chez le géographe comme chez l'historien, les visions les plus variées qui puissent emporter son imagination dans l'espace ou dans le temps. C'est d'abord, en regardant en arrière, la vieille civilisation aztèque parvenue, à l'écart du reste du monde, à un degré d'avancement que marquent encore aujourd'hui des monuments dignes de l'ancienue Égypte. Puis l'épopée dorée des conquistadors : Hernan Cortès, le chevalier bas-de-cuir, dans une aventure de rêve, s'imposant à tout un empire avec sa petite poignée de vautours ; et la puissance coloniale de l'Espagne, sans égale dans l'histoire d'aucune époque. Puis, plus tard, la révolte contre la mère patrie éclatant une nuit de septembre à la cloche du curé Hidalgo, et la guerre de l'Indépendance suscitant des héros que Napoléon Ier jaloux réclamait pour ses armées. Plus tard, aussi, l'équipée tragique de Maximilien, ce gentilhomme distingué, aux allures généreuses, à l'incapacité notoire, s'embarquant dans la plus risquée des spéculations, poussé par l'homme fatidique que l'on sait. Dans un autre ordre d'idées, nous trouvons, de nos jours, un pays merveilleux réunissant entre quelques degrés de latitude tous les climats du globe avec leurs manifestations caractéristiques. Voici, à mesure que l'on s'éloigne de la mer pour gravir les pentes de la sierra, les forêts vierges enchevêtrées et moites de l'Insulinde, la prairie tropicale exubérante et touffue, les vergers embaumés d'Andalousie et les cités blanches d'Orient avec leurs toitures plates. Plus haut, les cyprières mystérieuses, les mines d'argent sans fond, les grandes haciendas de terre froide, les immensités désertiques et les plateaux secs. Plus haut encore, bien au-dessus des plateaux, dans les solitudes glacées, les volcans neigeux, refroidis et séniles, figés sur le toit du monde.

Autant de sujets intéressants, dont il me serait agréable de vous entretenir ce soir ; mais toute conférence a forcément un cadre assez limité ; aussi dois-je me borner à vous dire aujourd'hui quelques mots des grandes exploitations agricoles, des « haciendas » mexicaines.

**

On distingue au Mexique, suivant qu'elles se trouvent placées d'après leur altitude en terre chaude, en terre tempérée ou en terre froide, trois sortes d'haciendas. Je laisserai de côté les haciendas de terre chaude, qui sont des plantations quelconques, comme on peut en rencontrer dans tous les pays tropicaux. Je passerai également sous silence les haciendas de terre tempérée, pour vous parler seulement des grandes haciendas de terre froide, qui, au point de vue où nous allons nous placer, sont les plus typiques et nous permettront d'étudier dans son vrai jour, si pittoresque, cette existence mi-féodale, mi-patriarcale, qu'est encore maintenant la vie rurale sur le plateau mexicain.

Je crois connaître assez le pays qui nous occupe pour écarter de suite toute prétention de vous faire un traité savant de ce qu'y sont les choses de l'agriculture. Nous ne nous arrêterons donc à aucune considération technique ou commerciale. Je me contenterai de refaire très simplement, en votre aimable compagnie, la visite d'une hacienda de terre froide d'importance moyenne, comme j'ai eu moi-même l'occasion d'en voir tant de fois, et dans laquelle je me propose de vous promener à mon tour, parce qu'il est toujours agréable de faire part à des amis qui l'ignorent d'une chose intéressante que soi-même on a déjà vue.

Il est de grand matin. L'express s'enfuit, après s'être

Cavalier mexicain

Indiens de terre froide

Jeune indienne

arrêté une demi-minute pour nous déposer sur un coin
de prairie. Pour toute gare, un vieux wagon de marchandises descendu de ses roues et que l'on a échoué là
parce qu'il ne pouvait plus servir à autre chose. A côté,
le traditionnel système d'enclos servant à embarquer
le bétail, et, tout autour, la plaine nue. Un Indien sans
âge est là, qui se découvre et s'avance vers nous timi-
dement. Tout à l'heure, à distance, pendant que nous
descendions du « pullman », il nous a longuement con-
sidérés, détaillés même. A présent qu'il va nous adresser la parole, il baisse les yeux. C'est l'habitude indienne. « Vous allez sans doute à l'hacienda de San
Pablo et vous êtes les personnes qu'attendent mes maîtres ? » C'est Pancho, le vieux cocher de famille, que
l'on a envoyé au-devant de nous. Il prend, du reste, sa
mission au sérieux et en est très fier. Le voilà d'une
courtoisie exquise, se prodiguant en formules de salon.
Nulle part au monde le peuple n'est aussi poli. Pancho
nous conduit vers un coche monumental qui attend
tout près, une sorte de boîte, habillée de toile, juchée
très haut sur de grandes roues et traînée par six mules
noires. C'est l'attelage classique du temps de l'occupation espagnole avec lequel on passe partout : la diligence d'hacienda, tant de fois attaquée sur les grands
chemins, lorsque la police des campagnes n'était pas
aussi bien faite qu'aujourd'hui.

Nous quittons la vallée poudreuse que suit la ligne du
chemin de fer et nous nous dirigeons vers un col qui
nous permettra l'accès d'une autre vallée parallèle à la
première. Nous traverserons ainsi plusieurs vallées
jusqu'à celle où se trouve l'hacienda de San Pablo.
Pancho est un muletier remarquable. A sa gauche, sur
le siège, se tient un jeune Indien, le « sota » armé du

long fouet à manche court, et chargé de stimuler celles
des mules qui manqueraient d'entrain dans les passages
difficiles. Nos mules ont fait douze lieues la nuit dernière pour venir à la gare ; et il n'y paraît nullement.
Elles trottinent allègrement, et il en sera de même, sans
un arrêt, sans une défaillance, tout le long du chemin.
En montant une côte entre deux grands rochers, nous
questionnons le cocher indien sur les petites croix de
bois sans nombre fichées dans des tas de cailloux qui
bordent la route. « Messieurs, répond-il, il y a une
quinzaine d'années, ce col par lequel passait un vieux
chemin royal espagnol était très fréquenté et des brigands l'infestaient. On y était continuellement attaqué ;
pour le franchir sans encombre, il fallait avoir avec soi
une nombreuse escorte. Aujourd'hui, grâce à Dieu,
cette vermine a disparu. Depuis les chemins de fer, on
venait beaucoup moins dans ces parages et le métier
de détrousseur ne payait plus. Et puis, le « papa »
(Pancho veut dire par là le Président de la République,
le dictateur admirable, don Porfirio Diaz), le papa a
envoyé par ici sa garde rurale qui a « liquidé » les derniers brigands ». Il est bien rare, en effet, maintenant
que, l'on soit attaqué au Mexique. Cependant Pancho
nous raconte que, l'année précédente, il a eu « la plus
grande frayeur de sa vie ». Ses maîtres l'avaient prêté à
une compagnie qui exploite une mine d'argent à quelque quinze lieues d'ici, pour conduire la voiture dans
laquelle on transportait la paye mensuelle des ouvriers,
soit une cinquantaine de mille francs. On avait négligé
de prendre une escorte. L'attelage, formé de quatre
grands trotteurs texiens, cheminait au fond d'une des
vallées sauvages que nous traversons, quand Pancho,
dont l'œil exercé ne perdait rien de tout le paysage, aper-

çut, à cinquante mètres devant lui, au milieu d'une large touffe d'herbes qu'il nous fera voir tout à l'heure au bord de la route, quelque chose, un simple point d'acier qui brillait sous le soleil. Il comprit immédiatement. Sans hésiter il tourna bride et fit prendre à ses chevaux un galop fou. Au même moment, deux individus patibulaires, armés jusqu'aux dents, qui semblaient surgir de terre, se dressèrent tout d'un coup au milieu de la touffe d'herbes et déchargèrent leurs « rifles » sur la diligence qui fuyait. Les balles criblèrent la voiture. Fort heureusement aucun des chevaux ne fut atteint. Pancho revint le lendemain, et on ne l'inquiéta pas ; mais il était accompagné d'une petite armée.

Le pays n'est plus aussi sec. Nous montons vers des terrains moins arides. Dans l'avant-dernière vallée nous franchissons une clôture en ronces artificielles ; les deux Indiens nous font remarquer que le territoire de l'hacienda commence ici ; mais nous avons encore près de trois lieues à faire pour arriver aux maisons d'habitation. Enfin, du sommet d'un col nous découvrons les constructions de l'hacienda de San Pablo qui se détachent, avec une blancheur éclatante, sur le fond verdoyant d'une vallée. A mi-côte, un groupe de cavaliers vient à notre rencontre. C'est Don Luis, l'aîné des deux frères propriétaires de l'hacienda, qui inspecte le pâturage depuis ce matin. Il savait que nous devions arriver dans l'après-midi et il s'est trouvé là pour nous souhaiter la bienvenue. Il nous salue très cordialement, comme le savent si bien faire tous ses compatriotes. Il nous a connus autrefois à la capitale ; et nous sommes de vieux amis. Ce don Luis est un centaure qui passe toute sa vie à cheval et ne quitte ses gros éperons mexicains que le soir pour se coucher. Il chevauche à la portière et sa petite troupe nous escorte. Pour rien au monde, on ne le ferait monter dans la diligence. Chemin faisant. en s'informant des fatigues du voyage, il nous servira bien le précepte du président Juarez : « Ne va pas à pied, quand tu peux aller à cheval ; mais ne va pas à cheval quand tu peux aller en voiture. » Seulement il avoue lui-même que le conseil lui paraît surtout excellent pour les autres. Nous entrons dans des terres de plus en plus fertiles, à mesure que nous descendons vers le fond de la vallée, où d'immenses quadrilatères, dont le vert tourne déjà au roux, indiquent les grands champs de froment que l'on moissonnera bientôt. On commence à distinguer les différents corps de bâtiments autour desquels des bouquets d'arbres dénoncent çà et là la présence des sources qui déterminèrent autrefois le choix de l'emplacement de l'hacienda. De tous côtés dans la plaine, des massifs de grosses cactées et des aloès pointus. Les premières pluies sont tombées la semaine dernière : le pâturage, desséché pendant de longs mois, est redevenu vert en quelques jours. Toute la campagne a un aspect des plus riants. Nous entrons dans le village que forment les constructions de l'hacienda. Don Antonio, le frère cadet et l'associé de don Luis, nous reçoit sur le seuil de sa maison.

*
* *

Toujours la même bienvenue si aimable. Ces gens-là ont conservé des traditions d'hospitalité qui appartiennent à d'autres temps. Don Antonio nous conduit lui-même à nos appartements pour que nous secouions la poussière de la route. Ensuite nous passons dans la grande salle à manger de famille ou, faveur insigne, les deux frères nous présentent à leur vieille mère, à leurs

Vaqueros au travail

Cierges du Pérou

Plantation de Magueye

rier, etc... Sur un des côtés de la grande place se dresse
un vaste carré de puissante maçonnerie, flanqué d'une
tourelle à chacun de ses angles, qui rappelle par ses
lignes massives une baille féodale. Si maintenant on
s'engage sous le large porche, on pénètre dans une
cour intérieure remplie de fleurs, dans un patio, entouré
d'une galerie sur laquelle ouvrent les divers appartements, pour la plupart des salles nues avec de très petites ouvertures ; et on a l'impression d'une maison orientale. C'est la résidence des hacendados-souverains, le
sanctuaire fermé. Là vivent leurs femmes pour eux
seuls. C'est là qu'ils ont bien voulu nous loger. Très curieux, le mélange de luxe et d'austérité que l'on rencontre dans une pareille demeure. Ces gens n'ont pas
perdu les habitudes d'une vie frugale très primitive,
dans laquelle ils introduisent çà et là quelques raffinements de la civilisation la plus moderne. Ainsi don Antonio écrit ses lettres à la machine et s'éclaire à l'acé-
tylène ; mais dans son lit il n'a pour tout sommier
qu'une planche sur laquelle est posé un mauvais petit
matelas de feuilles sèches. Son frère, don Luis, nous
fera tout à l'heure passer en revue sa panoplie. Il col-
lectionne des armes superbes, dernières créations des
manufactures des États-Unis et d'Europe. A table il dé-
bouche pour nous les meilleurs vins français d'exportation. A côté de cela, il s'habille toujours de cuir,
comme ses « vaqueros ». Il ne mange même pas de pain
et se contente des galettes de maïs, presque crues, qui
constituent l'ordinaire du dernier de ses serviteurs.
Leurs sœurs ont mis, pour nous recevoir, de fort jolies
toilettes sortant de chez le bon faiseur. Le reste du
temps elles les serrent, faute de meubles, dans des mal-
les de voyage, comme ferait un étudiant miséreux, cou-

tumier des déménagements à la cloche de bois. Tout ce monde-là a su garder des goûts très simples, nullement en rapport avec les gros revenus dont il dispose. Il y a un excédent de recettes considérable, et c'est la richesse absolue. On voit ici le contraire de ce qui arrive dans nos sociétés civilisées à outrance, où il existe tant de malheureux et de mécontents parce que les besoins et les aspirations d'un chacun y dépassent généralement de beaucoup les moyens qu'il a de les satisfaire. Si nos hôtes ne sont pas des gens parfaitement heureux, il faut convenir alors qu'il n'y a de gens heureux nulle part. A droite et à gauche du logis seigneurial sont groupés les vastes écuries, les basses-cours, des granges, des magasins, l'atelier de réparation des machines agricoles. Au côté qui regarde la campagne est adossée une grande enceinte de petits murs blancs, dans laquelle donnent d'autres enceintes latérales de dimensions moindres. A un des coins de l'enceinte principale, une tour, où est installée la noria qui alimente des abreuvoirs. C'est le « corral » et ses dépendances, sortes de cours immenses servant à réunir et à manier tout le bétail de l'hacienda à certaines époques de l'année. C'est là qu'aux grandes fêtes on improvise une « plaza de toros », et on y donne des courses fameuses dans tout le voisinage. Partout, dans l'hacienda, un ordre parfait et une propreté qui étonne. C'est une maison bien tenue. On voit que les propriétaires sont là et dirigent tout en personne. « Sous l'œil de son maître le cheval engraisse », comme dit don Luis.

Quand nous avons terminé notre inspection, le jour baisse ; et don Antonio s'assied sur la place, d'où il surveille la rentrée des laboureurs qui font en ce moment les semences de maïs. Chacun arrive avec sa paire de

mules ou de bœufs et dépose aux pieds du majordome
des champs les outils et les harnais qu'il ne reprendra
que le jour suivant. Un peu plus tard, ce sont les principaux employés de l'hacienda qui viennent rendre
compte de ce qui a été fait pendant le jour et recevoir
des ordres pour le lendemain : le majordome des
champs, spécialement chargé de la direction des cultures ; le caporal des vaqueros, chef de l'élevage, qui
connaît en particulier chacune des deux mille têtes de
bétail que possède l'hacienda ; le comptable payeur,
qui tient le bureau et la caisse ; enfin le juge. Ce fonctionnaire est placé là par le gouvernement pour faire
la police de l'hacienda et trancher les petits litiges qui
peuvent s'élever entre Indiens. On a, du reste, assez
souvent besoin de ses services : car l'exploitation ne
comprend pas moins de 600 personnes qui ne s'entendent pas toujours entre elles. Cependant, en général,
l'Indien de cette région est de mœurs assez douces et,
n'était la manie du vol poussée au paroxysme, nos
amis ne se plaindraient jamais de leurs serviteurs. De
leur côté, les serviteurs ne sont pas mécontents, eux
non plus, bien qu'ils soient tous très endettés envers
l'hacienda et tenus par cela même dans une espèce de
servage. Ils gagnent peu, travaillent moins encore, n'ont
aucun souci. Nés Indiens, iis n'ont jamais ambitionné
autre chose que de mourir dans la peau d'un Indien :
ce sont des gens heureux, voilà tout. Don Antonio, qui
est un philosophe intelligent, a bien compris cela ; aussi
ne veut-il entendre parler à aucun prix de la création
d'une école dans son hacienda.

Ici on ne dîne pas ; et il est d'usage de se coucher tôt,

car il faut se lever avant le soleil pour mettre en route
les travaux de la journée. On collationne seulement,
d'un peu de laitage et de pâtisseries grossières confec-
tionnées à l'hacienda. Après ce souper rudimentaire,
don Antonio nous emmène à travers la nuit à un coin
du village, dans une salle où l'attendent déjà une vingtaine d'Indiens. C'est son péché mignon, sa manie la
plus chère qu'il va se complaire à nous dévoiler. Chaque « haccndado », pour tromper la solitude des champs,
suit ses idées, parfois même les plus bizarres. Don
Luis ne rêve que caparaçons et harnachements en cuir
repoussé. Sa selle des dimanches est presque en argent
massif. Il finira bien par y faire enchasser des pierre-
ries. Son père avait la manie des chevaux. Toutes les
fois qu'on lui en présentait un joli, il l'achetait, quel que
en fût le prix. Il était ainsi arrivé, vers la fin de sa vie,
à entretenir dans ses écuries, pour son seul usage per-
sonnel, plus de vingt chevaux d'allure et de robe diffé-
rente, avec une selle spéciale pour chacun d'eux ; et il
les montait tour à tour, au gré de sa fantaisie. Un voisin de nos amis réunit dans ses étables les plus beaux
spécimens de vaches laitières, primés dans les concours
européens. Un autre possède un petit harem. Don Antonio, lui, est mélomane et c'est dans son conservatoire
particulier qu'il nous introduit ce soir. Assez bon exé-
cutant lui-même, il a formé, avec des travailleurs de
son hacienda, un petit orchestre, pas mauvais du tout,
qu'il dirige avec beaucoup de maestria. Cette année, il
est déjà tombé des pluies abondantes, bien que la saison ne soit pas encore très avancée (nous ne sommes
qu'au commencement de juin), et don Antonio, qui
croit en Dieu, tient à reconnaître ce bienfait. D'accord
avec le chapèlain de l'hacienda, il prépare pour le di-

manche suivant une grand'messe en musique et nous
assistons à une des dernières répétitions. Les Indiens
sont, en général, admirablement doués pour la musique
et ceux-ci font merveille. Le concert se continue avec
les succès actuels de Paris et de New-York. On termine
par la *Marseillaise* et l'*Hymne Mexicain*.

Le lendemain, don Luis doit nous faire parcourir le
territoire de l'hacienda ; et, de bonne heure, nous le
rejoignons aux écuries où il fait préparer les chevaux
et désigne les gens que nous emmènerons. Sans avoir
une cavalerie aussi respectable que celle de feu son père,
il possède pour son propre usage une demi-douzaine
d'excellents chevaux parfaitement dressés, et que pour
rien au monde il ne laisserait monter à qui que ce soit
autre que lui.

Leur bouche si délicate ne saurait être confiée à aucun profane. Je lui dis qu'en France des chevaux de
selle passables sont, à l'occasion, attelés à la voiture ;
cela l'intrigue beaucoup, le dépasse même absolument.
Dans une grande cour s'ébroue et se roule, jamais pan-
sée, jamais étrillée, la cavalerie ordinaire de l'hacienda :
la remonte indomptée des vaqueros et les chevaux d'a-
mis, les chevaux de tout repos. Là aussi nous retrou-
vons les six petites mules qui nous ont amenés hier
matin. Elles sont également en liberté dans une cour
qui leur est réservée ; car elles font mauvais ménage
avec les autres animaux. Dételées, elles nous apparaissent plus près du sol et plus doublées. Longues et tra-
pues, elles donnent une vague impression de bassets
allemands. Au demeurant, ces mules sont des bêtes fé-
roces qui ont la ruade et la morsure des plus faciles.

Quand on a commis l'imprudence d'enfermer un cheval avec elles, il s'en est souvent tiré avec un membre brisé. Lorsqu'elles sont au repos depuis quelques jours, il faut une demi-heure pour les atteler. On est obligé de lacer certaines d'entre elles et de les jeter à terre pour pouvoir leur mettre les harnais. Une fois attelées, il n'y a que Pancho à pouvoir les conduire ; et, quand ce dernier est malade, c'est bien simple : on n'attelle pas. A peine se sentent-elles sur la diligence qu'elles démarrent rageusement, d'un seul coup. Bien entendu, tout le monde est monté en voiture à l'avance, et le cocher a déjà ses rênes en mains. Il ne faut pas songer à les arrêter pendant les quatre ou cinq premières lieues ; autrement, elles brisent tout. Par ailleurs, ce sont des animaux précieux, d'une endurance à toute épreuve. On a souvent offert à don Luis de les lui payer n'importe quel prix ; jamais il n'a voulu s'en défaire. Un jour, Pancho leur a fait couvrir cinquante lieues en dix-sept heures.

Les terres de l'hacienda occupent environ vingt lieues carrées. Elles comprennent toute la vallée où nous sommes et débordent même sur les vallées adjacentes. C'est un fort beau domaine ; rien que les ronces artificielles qui l'entourent et le divisent représentent un capital. Le village où vivent les seigneurs se trouve à peu près au centre ; et sur le reste du territoire sont disséminées des agglomérations beaucoup moins importantes : les « ranchos », dépendances de l'hacienda, comparables à ce que sont les fermes par rapport à nos châteaux modernes en France. Chaque « rancho » est généralement, par sa position, le centre d'une exploitation locale, comme nous allons le voir. Il est relié par téléphone à l'agglomération principale.

Nous longeons, d'abord, les grands champs de blé qui jaunissent à perte de vue le fond de la vallée. La moisson promet d'être abondante cette année, et la batteuse à vapeur est revenue ces jours-ci de la ville voisine, réparée, remise en état pour la campagne prochaine. Plus loin, ce sont des cultures de maïs que l'on vient d'ensemencer. De distance en distance, sur des pieux hauts de quelques mètres, est installée une guérite de feuillage où se tient un veilleur de nuit armé d'une carabine, au temps où les gros épis mûrs pourraient tenter la cleptomanie des Indiens. Nous nous élevons sur les premiers contreforts de la montagne, et nous trouvons un « rancho de magueyes », plantation de gros aloès dont la sève fermentée donne le pulque, le breuvage favori au Mexique. Plus haut, dans le meilleur endroit du pâturage, est un autre « rancho » autour duquel se fait l'élevage de chevaux et de mules de l'hacienda. Là vit, avec ses enfants, un vieux vaquero, dresseur incomparable. Il possède dans son art des trésors d'expérience qui font que sa réputation s'étend à cinquante lieues à la ronde. C'est lui qui a dressé les fameux chevaux de don Luis. On ne lui confie plus de chevaux complètement sauvages, parce que cela serait trop dangereux, vu son âge. En effet, la vigueur d'autrefois a disparu, mais tout le doigté y est encore. Ce sont donc ses fils qui montent les poulains les premières fois. Il les lui « brisent », comme on dit là-bas. Cela dure de quinze jours à trente, pendant lesquels le cheval est conduit avec un simple caveçon très doux. Ils le passent alors à leur père, qui lui met le mors pour la première fois, et par son dressage en décuple la valeur en six mois. Un cheval qui sort de ses mains est d'abord parfait dans toutes ses allures et, de plus, il

sait tout faire : courir sus avec une sûreté merveilleuse
à un taureau qu'il s'agit de prendre au lasso ; bondir,
le cas échéant, sur un piéton suspect et le fouler aux
pieds ; accourir de très loin, présenter l'étrier à son
maître au coup de pistolet. De plus sa bouche est telle
que son cavalier peut l'arrêter au plein galop, en quelques mètres, avec un fil à coudre. Les vaqueros ont une
expression à eux pour signifier le degré de dressage des
chevaux de don Luis. Ils disent qu'il ne leur manque
que l'usage de la parole ! En continuant à nous élever,
nous traversons encore un « rancho », où des Indiens
peignent et font sécher au soleil la fibre d'un agavé.
Ils obtiennent ainsi un textile très résistant, comparable à la fibre d'henequen et qui, mis en balles, est expédié aux fabriques de câbles des Etats-Unis. Ailleurs,
dans un autre petit rancho, on distille les bulbes de
certains aloès, pour faire du « mezcal », eau-de-vie
chère à tout Indien. Nous poursuivons toujours notre
ascension et la montagne commence à se couvrir de
pins. La pente devient plus raide. Par endroits, elle
est même assez escarpée. Mais nos petits chevaux velus
passent partout. Leurs sabots très secs permettent de
ne pas les ferrer et ils grimpent comme des chats. Les
deux Indiens de confiance qui nous accompagnent montent des mules qui sont encore plus extraordinaires et
escalent n'importe quel rocher. On dirait vraiment
qu'elles possèdent des ventouses sous leurs sabots pointus. C'est par ici le quartier général des Indiens pasteurs qui promènent, sur le faîte de la chaîne de montagnes, les chèvres et moutons de l'hacienda au nombre
d'environ douze mille, répartis en sept ou huit troupeaux.

Vers le milieu du jour, nous faisons halte au bord

d'un vaste étang artificiel, formé dans un grand vallon dont on a fermé l'entrée par une énorme chaussée en maçonnerie. Ç'a été un travail colossal mené à bonne fin par don Antonio, qui est la moitié d'un ingénieur depuis qu'il a fait ses études à la capitale. Il est très fier de son ouvrage, et à juste titre, ma foi. L'hacienda dispose ainsi d'une réserve d'eau considérable qui permet d'irriguer les cultures de la vallée pendant la saison sèche, et servira bientôt à l'éclairage électrique que l'on projette d'installer dans quelques mois.

Après le déjeuner, don Luis fait sa sieste dont il ne saurait se passer. Nous en profitons pour faire causer un Indien, qui dit toujours « Mon compère » en parlant de don Luis, parce que don Luis, voulant reconnaître ses services, a accepté d'être parrain d'un de ses enfants. Il ne tarit pas en éloges sur les mérites de notre ami. Nous savons que don Luis est d'emblée le meilleur cavalier et le meilleur laceur de toute la région, ce pourquoi ses serviteurs Indiens lui professent une admiration sans bornes; mais il possède encore, paraît-il, un autre talent très apprécié des gens de l'hacienda, et que nous ignorons. Don Luis est un toréador-amateur de premier ordre. Avant son mariage, il se produisait de temps en temps en public; et sa bravoure était devenue légendaire, surtout après les faits suivants. C'était le jour de la fête de l'hacienda. La place publique était couverte de baraques abritant les loteries d'usage et l'entreprise des combats de coqs ; et, dans le grand corral, on avait organisé une course de taureaux. Les animaux étaient particulièrement méchants cette année-là : l'un d'eux, d'une férocité extraordinaire, avait failli blesser plusieurs toréadors professionnels dès le début de la course. Personne n'osait plus s'en approcher, quand il éventra le cheval d'un picador et se rua sur l'homme aussitôt après. Il avait commencé à le mettre en lambeaux. Le spectacle était horrible ; tous perdaient la tête au point d'oublier de secourir le malheureux. Don Luis sauta dans l'arène, oubliant, dans sa précipitation, de se munir d'une cape de combat. Il courut droit au taureau et lui asséna sur la nuque un grand coup de son chapeaú mexicaịn. La bête abandonna sa victime et se retourna sur lui immédiatement. Alors on vit don Luis, seul au milieu de la plaza, sans autre chose à la main que son large sombrero de feutre noir, attendre de pied ferme le taureau furieux, qui revint à la charge dix fois de suite. Dix fois don Luis l'écarta, presque sans bouger d'une semelle, avec un courage surhumain. Le jeu était serré, magnifique, et les cornes ensanglantées frôlaient parfois les broderies de son veston. A la fin, l'animal, rebuté, revint s'acharner sur le cheval mort, mais on avait eu le temps de relever le picador blessé et de le porter en lieu sûr. A ce moment, ce fut du délire. On porta don Luis en triọmphe : et ses timides sœurs, qui avaient assisté à tout du haut du toit de la terrasse de leur maison, pleurèrent d'orgueil…

En redescendant vers l'hacienda, à la brusque tombée du jour, nous passons par un coin de forêt. L'Indien qui ouvre la marche nous fait tout à coup signe d'arrêter et dit deux mots à l'oreille de don Luis : nous sommes sur la réserve des taureaux de courses que l'hacienda élève pour les arènes ; et il vient d'apercevoir trois vieux solitaires sous les grands arbres. Le sentier que nous suivons nous fera passer à vingt mètres de l'un d'eux. Pas une parole, pas un mouvement. A la moindre provocation, l'animal serait sur nous. Il découdrait un cheval de bout en bout et, tout de suite après, ce serait le tour du cavalier. Notre défilé s'écoule mystérieux dans le crépuscule, sans un mot, sans un geste. Les taureaux, qui nous ont vus, dressent la tête, les naseaux au vent, et fixent encore sur nous leurs grands yeux que nous sommes déjà loin.

Nous remarquons une croix dans la plaine : l'Indien de tantôt, qui chevauche à côté de nous, nous en donne l'explication. Cette croix marque l'endroit où fut assassiné, il y a quelque dix ans, le père de nos amis. C'était un homme d'une haute intelligence et d'une grande énergie, sévère et paternel tout à la fois, qui aurait conduit ses Indiens n'importe où, parce que ses Indiens reconnaissaient sa supériorité absolue, croyaient en lui, croyaient en son étoile. Jamais celui-là n'aurait réprimandé un Indien en public. Il savait, tout en se faisant obéir, ménager la susceptibilité extrême de ses serviteurs et les prendre par leur grand amour-propre : et ses serviteurs l'adoraient. Notre interlocuteur crut devoir ajouter, en manière d'oraison fanèbre : « *Era muy bueno y se murió, porque la gente buena siempre se muere o se va* ». (C'était un excellent homme ; aussi il est mort, parce qu'il faut toujours que les braves gens meurent ou s'en aillent). Il a mis tout son cœur dans l'accent avec lequel il prononce ces mots. L'Indien ne sait oublier ni les bienfaits, ni les injures. Ses sentiments sont immuables, la reconnaissance comme la rancune. Certaines haines ne s'atténuent pas, même devant la mort, et on entend dire, en parlant d'un ennemi agonisant : « Ce qui est mauvais n'en finit jamais de mourir. » Lorsqu'au nom du catholicisme, leur religion, on rappelle aux Indiens

le précepte du pardon des offenses, ils sont embarras-
sés, naturellement, et se tirent d'affaires par un biais,
selon leur habitude : « *Perdonar, pero no olvidar* », ce
qui veut dire, en mot à mot : « Nous pardonnons, mais
nous n'oublions pas », et en français : « Nous ne pardonnons jamais. »

*
* *

Il y a ces jours-ci « rodeo » à l'hacienda. On appelle
« rodeo » un rassemblement de tout le bétail qui peut
s'opérer sous différents prétextes, par exemple pour
compter les têtes, marquer au fer rouge les veaux d'un
an, vendre une partie du troupeau. C'est le cas, cette
fois. Des herbagers d'une province voisine ont offert
d'acheter deux cent jeunes taureaux pour l'engrais. On
s'est entendu sur le prix par correspondance ; et ils
doivent être ici demain pour voir les animaux et faire
leur choix. Depuis plusieurs jours, les vaqueros sont
occupés à rabattre le bétail de tous les coins du pâturage vers un endroit absolument découvert et peu dis-
tant de l'hacienda, où on a formé un troupeau qui s'est
accru sans cesse. Ce soir, il y a près de deux mille têtes
réunies, et, toute la nuit, il va falloir les surveiller pour
qu'elles ne s'éparpillent pas sur la prairie. Ce n'est pas
une petite affaire ; et, comme on n'a jamais trop de
monde sous la main dans ces circonstances-là, nous
avons offert à don Luis d'aller passer la veillée avec
lui. Cette nuit, « nous campons », diraient les Indiens.
Nous n'en sommes pas à nos premières armes et pouvons, tant bien que mal, faire à l'occasion des vaqueros de cinquième ordre ; aussi, sur notre demande,
nous a-t-on assigné des postes autour du troupeau pour
la seconde moitié de la nuit. Nous passons donc la pre-

mière à deviser devant un feu allumé par les vaqueros,
qui attendent également leur tour de prendre la garde.
Don Luis est avec nous, qui nous fait les honneurs de
quartiers de chevreau, rôtis sur des baguettes fraîche-
ment coupées en guise de broches, et nous offre un
café abominable qui bout, marc et tout, dans des petits
pots de terre cuite. Tous les Indiens adorent la musique
et sont poètes par tempérament. Un des vaqueros
chante, en s'accompagnant sur la guitare, des couplets
comme ceux-ci, dans lesquels passe toute la mélanco-
lie contemplative de l'âme indienne :

« Qui a jamais vu revenir la vague qui fuit sur la mer ?
Qui a jamais vu revenir la fumée qu'emporte le vent ?
Qui a jamais vu revenir les feuilles qui tourbillonnent à l'automne ?
Qui a jamais vu revenir les illusions que le cœur de l'homme a perdues ? »

« Il y a des loups là où il y a des agneaux.
Il y a des épines là où il y a des fleurs.
Il y a des faucons là où il y a des petits oiseaux.
Il y a de la jalousie là où il y a de l'amour ».

Ou encore le suivant, histoire d'un célibataire qui
s'ennuie :

« L'oiseau a au moins son nid.
La fleur a au moins sa corolle.
Mais moi, je n'ai personne qui m'aime,
Et je cours tout seul à travers le monde. »

A la fin, il passe à des sujets plus badins :

« Un étudiant de Valence entreprit de peindre le rond du
soleil ; mais il avait tellement faim que sans s'en rendre
compte il peignit un pain de munition. »

« Le mariage est un calvaire. Le mari y fait le Rédempteur,
l'épouse saint Dimas, et la belle-mère le mauvais larron. »

Pour nous distraire, don Luis nous produit un Indien
qu'il a amené avec lui tout exprès. Cet Indien est ce que

l'on appelle ici un « viejo », littéralement « un vieux », un homme qui affecte de parler comme un petit vieux, légèrement ivrogne, avec une voix éraillée et contrefaite, qui a quelque chose de la voix de polichinelle des Guignols de notre enfance. Le « viejo » est, de plus, une espèce de bouffon, d'Auguste de cirque aux réparties désopilantes. Il possède de nombreux talents de société. C'est ainsi qu'il nous imite successivement le cri de tous les animaux de l'hacienda : le chant du coq, une bataille de chiens, l'aboiement des loups de prairie dans la nuit, une truie entourée de ses petits, etc... Mais son grand succès est un drame lyrique qui pourrait s'intituler « Damnation de Faust ». La conception en est naïve, digne d'un mystère du moyen âge. Par contre, l'interprétation en est extra-moderne et rappelle les transformations de Frégoli, des music halls parisiens. C'est l'histoire, vieille comme le monde, d'un octogénaire qui trouve sa vie dépourvue d'intérêt et vend son âme au diable moyennant un regain de jouvence. Le pacte est conclu, et le vieillard rajeuni se lance dans toutes sortes d'aventures fort scabreuses. Cela finit très mal, bien entendu. L'action ne comporte pas moins de quinze personnages, et le même artiste suffit à tout. Entre chaque rôle, il court changer d'accessoires derrière un buisson, qui sert de coulisse à son spectacle. A un moment donné, il y a un ballet de trois danses indiennes, dont il fait à lui seul tous les frais. Les autres Indiens sont en extase devant ce « viejo », qui est leur jouet favori.

Nous avons pris nos postes à minuit. Les heures ont passé à aller et venir le long du troupeau. Les taureaux mugissaient et la lune argentait leur dos. Puis le jour tropical s'est levé tout d'un coup. En moins d'une

demi-heure, la nuit s'est dissipée presque à vue d'œil.
comme un voile que l'on déchire.

Il est neuf heures du matin. Le soleil darde, déjà
très haut. Les bêtes ont soif. Elles ont faim également,
car le lambeau de prairie sur lequel elles sont par-
quées a été tondu et retondu. Leur énervement est
extrême. A chaque instant, de petits groupes de cinq
ou six têtes menacent de se séparer du troupeau. Les
vaqueros sont sur les dents. Ils vont être débordés. Si
la débandade commence, ce sera fini. Le troupeau se
dispersera en quelques minutes. Rien n'y pourra. Et
tout le travail de rassemblement sera à recommencer.
On attend l'infatigable don Luis, qui est allé chercher
un cheval frais. On l'aperçoit de loin qui revient sur
son meilleur cheval, car les « rodeos » sont sa distrac-
tion préférée et son triomphe. Au moment où il s'ap-
proche, un taureau vient de s'échapper. Son cheval
merveilleux bondit d'une seule pièce et fond sur le
taureau avec l'élan d'un oiseau de proie. Le taureau,
qui se sent gagner de vitesse, fait des crochets. Le
cheval, à distance, double tous ses mouvements en
autant de voltes automatiques. Il le serre enfin de près.
Alors don Luis élargit devant lui la boucle de son
lasso en un orbe immense à travers lequel bondissent
cheval et cavalier. Derrière eux vole la boucle, qui se
rétrécit peu à peu et va se poser avec une précision
magique sur les cornes du taureau qu'ils viennent de
dépasser. C'est le fin du fin de l'art de lacer. On nous
avait bien dit que don Luis n'avait pas son pareil. Le
taureau se débat furieusement. Il est quand même
ramené à bout de lasso et on commence à acheminer le
troupeau vers le « corral », où il boira enfin et où les
acheteurs pourront l'examiner en détail.

En tête, vont don Luis et le caporal, dont les bêtes connaissent si bien la voix. Sur les côtés et derrière, des vaqueros échelonnés flanquent la colonne. Çà et là, le troupeau est encadré de cabestros qui lui font tenir le droit chemin. Les cabestros sont des bœufs fort bien dressés qui remplissent, à l'égard des autres bestiaux, la fonction de chiens de berger. Nous avançons très doucement, et il faut bien une heure pour arriver aux maisons de l'hacienda. Les portes du « corral » sont grandes ouvertes. Une partie des vaqueros va former haie de chaque côté pendant que l'autre harcelle le troupeau et le pousse vers l'entrée. Les cabestros s'effacent adroitement à mesure qu'ils arrivent au « corral », pendant qu'une marée vivante s'y engouffre pêle-mêle, Le « corral » est déjà plein qu'il y pénètre encore des animaux. C'est alors un remous indescriptible de fronts cornus, au milieu desquels émergent quelques vaqueros. Les taureaux bousculés se querellent de toutes parts et il faut les séparer en les cinglant à coups de lasso. Enfin l'ordre se rétablit. On refoule le bétail dans les « corrals » latéraux, d'où les animaux sortiront un à un pour défiler devant les acheteurs assis au balcon de la noria. Suivant qu'ils sont acceptés ou non, on les fera passer dans un autre enclos, ou on leur rendra la clef des champs. Nous sommes à cheval depuis minuit et l'heure de la sieste va venir fort à propos.

*
* *

Ce soir, le dernier que nous passons à l'hacienda, les deux frères nous ont réservé la surprise d'un bal indien qui se donne dans l'un des « ranchos ». L'Indien qui administre ledit « rancho » doit marier sa fille prochainement, et déjà les réjouissances ont commencé. A la fin du souper, des chevaux nous attendent tout sellés, et nous partons dans la nuit. Après une demi-heure de galop, on nous fait pénétrer dans une salle basse, assez longue, qu'enfument des quinquets huileux. Elle est déjà pleine de couples qui s'écartent pour nous laisser passer. La danse est le plaisir suprême des Indiens et le meilleur moyen qu'ont leurs maîtres de les retenir sur une hacienda. Aussi nos amis, qui s'y entendent, permettent-ils à leurs gens de danser toutes les semaines, du samedi soir au dimanche matin. Un Américain, qui avait acheté une propriété voisine de la leur, ayant voulu supprimer les bals en accordant, par contre, une forte augmentation de salaire, vit son exploitation désertée au bout de peu de temps, parce qu'on s'y ennuyait. C'est un coup d'œil étrange que cette réception mondaine entre diables bronzés. Les Indiennes, à qui ces réunions tournent la tête et qui ne reculent devant aucune dépense pour y briller, se sont offert pour une fois le luxe de souliers vernis. Elles font, par ailleurs, assaut d'élégance à coups de pendants d'oreilles en toc et de mouchoirs éclatants. Leurs rudes chevelures sont poissées et cosmétiquées avec une indiscrétion barbare. Quand on les a vues, pendant la journée, occupées à broyer la ration de maïs devant la porte de leur maison, parfois vraiment belles dans leur simplicité primitive, et qu'on les retrouve ainsi attifées, guindées et cérémonieuses, on se sent pris de fou rire. Pourtant ces gens-là ont voulu faire pour le mieux. Les hommes sont en sandales, avec leurs petites blouses et leurs pantalons de toile blanche, aux champs. Des vaqueros vêtus de cuir, poussiéreux et rapés, le revolver derrière la hanche, tranchent sur le reste des danseurs. Les valses et les polkas, sur des airs qu'a connus Paris autrefois, alternent avec des pas sauvages. Pour tout orchestre, une petite harpe indienne, dont un professionnel, mandé tout exprès, joue sans relâche, avec l'endurance impassible d'un piano électrique ou d'un phonographe. Peut-être est-ce là la raison pour laquelle on l'a surnommé « Cœur de Marbre »? C'est un Indien sans histoire qui, depuis toujours, circule d'haciendas en haciendas, sa harpe en bandoulière, sur une vieille jument efflanquée qui ne va qu'au galop malgré ses vingt-cinq ans. Le bal dure depuis deux heures. Il fait une chaleur étouffante. Les jupes de calicot empesé s'affaissent et se fripent. La sueur ravage les fards savants. Peu importe. Les hommes se passent et se repassent sans fatigue les Indiennes gluantes et la danse fait rage. Le bal continuera ainsi jusqu'au matin.

* *

En remerciant M. Crétaux, M. le Président fait l'éloge du peuple mexicain, qui a su oublier les jours , où, en 1862, nous nous mesurions sur les champs de bataille pour réaliser la « grande pensée du règne », suivant le mot fameux prononcé à la tribune par M. Rouher.

Il remet à M. Crétaux, au nom de la Société de Géographie, une médaille d'argent.

GIBRALTAR
Carrefour de la Navigation mondiale

Un succès français en télégraphie sans fil

Les installations télégraphiques existantes sur terre, dans tous les pays civilisés, sont aujourd'hui tellement nombreuses qu'elles empêcheront évidemment la télégraphie sans fil de s'établir en de tels pays. Mais il est, sur de vastes continents, des régions qui ne possèdent pas encore de lignes télégraphiques installées et qui sont, par suite, tout désignés pour recevoir des stations de télégraphie sans fil, afin d'assurer le service des communications rapides. C'est ainsi que le Maroc, pour ne parler que de lui, vient d'être muni de postes de télégraphie sans fil, seul moyen de correspondre en ce pays, qui sont depuis peu entrés en exploitation, et c'est ainsi que d'autres contrées, dans un état de civilisation analogue, songent à se doter de postes semblables.

Mais là n'est pas — tout intéressant qu'il soit — le seul champ d'action ouvert à la télégraphie sans fil. Un autre rôle, infiniment plus susceptible de développement, lui est réservé : c'est celui qui consiste à établir des communications interocéaniques, entre continents, entre navires en cours de route ou entre les continents et les navires.

Dans le premier cas, en effet, c'est-à-dire à travers les océans, on ne peut correspondre que par câbles sous-marins. Or, ceux-ci sont d'un établissement extraordinairement coûteux ; ils nécessitent, pour leur construction, pour leur mise en place, pour leur entretien des sommes énormes. (Le câble Brest-Dakar-Pernambuco a coûté 25 millions de francs). Il en résulte que de tels câbles sont en trop petit nombre sur la surface du globe et que les communications télégraphiques interocéaniques sont relativement restreintes.

Ici, la télégraphie sans fil, par ses facilités si grandes d'installation, par son prix minime de premier établissement, devient vraiment le moyen de communication par excellence. En effet, l'établissement des postes pour assurer, par exemple, la communication télégraphique sans fil entre la France et le Brésil ne coûtera pas plus de 3 millions de francs. On voit donc que la télégraphie sans fil ira se développant sans cesse, d'autant mieux que les progrès réalisés dans cette application nouvelle de l'électricité permettent de correspondre commercialement à des distances qui grandissent chaque jour. Ces distances sont présentement de 5.000 kilomètres en mer.

Mais il y a plus. Ce qui fait que, pour les communications interocéaniques, la télégraphie sans fil s'impose et s'imposera de plus en plus, c'est que les navires qui sillonnent ces océans peuvent être munis, eux aussi, de postes de télégraphie sans fil et communiquer ainsi, en tout temps, avec les stations situées sur les côtes ou correspondre entre eux, afin de donner de leurs nouvelles, d'en demander d'autres, de réclamer des secours en cas d'accident ou d'avaries, etc.

D'ailleurs, plusieurs gouvernements imposent l'installation de la télégraphie sans fil aux paquebots subventionnés par eux pour les services postaux. Et, de ce fait, on voit que ce système de correspondance trouve là des recettes qui échappent forcément aux câbles sous-marins, puisque ceux-ci n'unissent que les continents.

Aussi bien, ce n'est pas seulement la télégraphie qui servira aux navires à correspondre entre eux, c'est la téléphonie : on arrive déjà à téléphoner sans fil à 150, à 200 kilomètres de distance en mer.

Dans ces conditions, quel est l'objectif que doit avoir en vue une entreprise industrielle et commerciale de télégraphie sans fil ? Elle doit poursuivre la création et l'exploitation de postes répartis sur les côtes fréquentées, et, si possible, à l'un de ces endroits qui, sur le globe, sont en quelque sorte les carrefours où viennent passer les vapeurs de toutes les lignes de la navigation mondiale : paquebots géants à grande vitesse, cargo-boats puissants, steamers de charge ou simples navires de cabotage international. S'assurer, par des postes de télégraphie sans fil, la possession de l'un de ces carrefours déversant, suivant l'expression de la stratégie maritime, un point d'appui, une base d'opérations, c'est pour une entreprise de télégraphie sans fil le succès assuré et certain. C'est ce qu'a si bien compris la Compagnie Marconi quand elle a placé à la pointe extrême de l'Irlande un poste puissant dont les ondes couvrent l'Atlantique, établissant la communication d'abord avec tous les navires naviguant entre l'Europe et l'Amérique du Nord et ensuite avec les postes situés sur les côtes des Etats-Unis. (En 1907, 118 navires possédant la télégraphie à bord ont échangé 1.834.000 mots et produit comme recettes nettes 938.000 francs).

Cependant, il est un autre carrefour de la navigation maritime, plus important que celui de la Manche, c'est celui que forme le détroit de Gibraltar. Dans cet étroit canal passent tous les navires venant de l'Atlantique pour gagner la Méditerranée et les Indes, et *viceversà*, c'est-à-dire que plus de la moitié du commerce du monde le franchit d'un bout de l'année à l'autre. S'implanter sur les bords de ce détroit fameux avec des postes de télégraphie sans fil, pour échanger des communications télégraphiques avec les milliers de navires qui le traversent (près de 200 par jour) était un coup de maître. C'est ce qu'a réussi, avec un plein succès, la Compagnie française de télégraphie sans fil.

Dès l'an dernier, elle faisait établir par une compagnie filiale (la Société marocaine des télégraphes), des postes de télégraphie sans fil au Maroc : à Tanger, Casablanca, Rabat et Mogador. Enfin, tout récemment, le 8 avril de cette année, elle obtenait du gouvernement espagnol, pour une autre compagnie filiale, la « Compagnia concesionaria del servicio publico espanol de telegrafia sin hilos » la concession d'établir et d'exploiter, pendant vingt-huit années, vingt-quatre postes de télégraphie sans fil, à installer sur les côtes d'Espagne, aux îles Baléares et aux Canaries. Quatre de ces postes auront une portée en mer de 3,000 kilomètres chacun. Les vingt autres auront des portées variant de 250 à 500 kilomètres par poste. L'Espagne va ainsi se trouver affranchie du monopole des compagnies étrangères de câbles sousmarines. Grâce à cette main-mise sur les deux continents que sépare le détroit de Gibraltar, la compagnie française englobe dans la zone de ses postes la partie la plus importante du monde : elle tient la porte de la Méditerranée, de l'Orient et de l'Extrême-Orient. Les navires de toutes nationalités allant du nord de l'Europe en Amérique du Sud et en Afrique, tous ceux qui vont en Orient et en Extrême-Orient ou en reviennent, sont ses tributaires ; ils sont forcés de se servir de ses postes d'Espagne et du Maroc pour avoir des communications télégraphiques avec les continents.

Ce n'est pas tout. La concession accordée par le gouvernement espagnol prévoit la création de postes aux Canaries : l'un de ceux-ci, celui de Ténériffe, d'une puissance considérable, sera établi spécialement de manière à pouvoir régler, par un signal quotidien donné à l'heure fixe, la longitude de tous les navires parcourant l'Atlantique, ce qui répondra au vœu exprimé tant par le bureau des longitudes que par l'Académie des sciences.

Enfin, ces postes des îles Canaries seront un acheminement tout indiqué pour les correspondances à échanger soit avec les futures stations des îles portugaises du Cap-Vert, soit avec les postes établis sur les côtes du Brésil. Dès lors, grâce à ces postes, les télégrammes seront échangés entre l'Europe et l'Amérique du Sud, sans qu'il soit besoin de mouiller un câble coûteux.

Il est intéressant de voir quels sont les tarifs actuels des câbles sous-marins entre l'Amérique du Sud et l'Europe et quels sont ceux que la Compagnie espagnole de télégraphie sans fil se propose d'appliquer :

1º Par les câbles de la Western Brazilian Cable Cy (voie Pernambuco îles du Cap-Vert-Madère-Lisbonne), la recette nette par mot pour la compagnie sur le trajet Pernambuco-Lisbonne est de 3 fr. 40 ;

2º Par le câble de la South American Cable Cy (voie

Pernambuco-Dakar, lequel, à partir de Dakar, se prolonge, ou bien par le câble français Dakar-Brest, ou bien par le câble anglais Saint-Louis-Ténériffe-Cadix), la recette nette est encore de 3 fr. 40, et se décompose ainsi : trajet Pernambuco-Dakar, 2 fr. ; trajet Dakar-Europe, 1 fr. 40.

La Compagnie de télégraphie sans fil espagnole se propose de fixer les tarifs de recettes par mot, comme suit : 1º Pernambuco-Cadix et vice-versa à 1 fr. 20 ; 2º Pernambuco-Ténériffe et vice-versa à 85 centimes ; 3º Ténériffe-Cadix et vice-versa à 35 centimes.

Les recettes nettes des postes à Marconi, anglais-canadiens, produisirent, en 1907-1908, la somme de 1,650,000 francs.

Si l'on considère que le premier des câbles indiqués précédemment transmet et reçoit par jour de 8,000 à 9,000 mots, et que le second en transmet de 1,500 à 2,000 ; si l'on considère, en outre, que les frais d'exploitation d'un poste de télégraphie sans fil ne dépassent pas deux cents francs par jour, on voit d'une part l'avantage que ce mode de transmission offrira au commerce et aux particuliers, et les bénéfices importants que les compagnies exploitantes en retireront, d'autant qu'il faut ajouter aux recettes indiquées ci-dessus toutes celles qui proviendront des communications avec les navires en cours de route, lesquelles recettes échappent aux compagnies de câbles sous-marins.

Il est inutile d'insister plus longuement sur la situation exceptionnellement belle que la Compagnie française de télégraphie sans fil et ses sociétés filiales ont su acquérir par les doubles installations du Maroc et de l'Espagne, sans préjudice de celles faites dans d'autres pays. Ces compagnies se sont pour ainsi dire assuré le monopole des communications interocéaniques dans la Méditerranée, dans le centre et le sud de l'Atlantique, comme la Compagnie Marconi s'est donné le monopole dans le nord de l'Atlantique.

Il nous plaît de constater le succès de cette Société, d'abord parce qu'il récompense les efforts persévérants de ceux qui la dirigent, mais surtout parce que c'est un succès d'une entreprise française, et qu'il fait mentir ceux qui, trop complaisamment, répètent que nous manquons, en France, d'audace et d'initiative.

GUY HERVO,
Ancien élève de l'Ecole polytechnique.

Le Gérant,

P. DAUTAIS.

SOMMAIRE

Société de Géographie

Commerciale de Nantes

LISTE DES MEMBRES

1° Membres Fondateurs

Société Académique.

Linyer (Louis), avocat, président de la Société, rue Paré, 1.

Pellerin, quai Richebourg.

2° Membres Titulaires

Aignan, rue de Rennes, 136.

Alberge, directeur des contributions indirectes, rue d'Alger, 8.

Allégret (Joseph), directeur d'assurances, rue Franklin, 11.

Amieux, fabricant de conserves, rue Gresset, 1.

Anizon, avocat, rue des Halles, 22.

Arbonneau (d'), chef de bataillon du génie en retraite, passage Bonnamen, 2.

Aubert (Alfred), percepteur, rue Kléber, 11.

Aubert (F.), négociant, quai des Tanneurs, 7.

Aubineau, secrétaire de l'Ecole de Médecine, rue Ogée, 10.

Augeard (Eugène), avocat, passage Saint-Yves, 12.

Aumaitre, docteur, ancien conseiller municipal, rue Saint-Julien, 1.

Bacqua (Auguste), place Louis-XVI.

Baillergeau (Mme), passage Louis-Levesque, 4.

Balezy, propriétaire, quai Duquesne, 6.

Barbée (de la), à la Mahaudière (Doulon).

Barbée (de la), secrétaire général de l'Evêché, à Talence, route de Rennes.

Bardot, propriétaire, rue Copernic, 3.

Bardoul (Olivier), rue Lafayette, 12.

Bardoul, avocat, boulevard Delorme, 32.

Barjolle, rue Bisson, 2.

Barnaud, professeur au Lycée, rue Ecorchard, 9.

Basset-Villéon (de), contrôleur principal des Contributions directes, rue Cassini, 12.

Beaupère, avoué, rue du Calvaire, 20.

Becdelièvre (Aloys), (Vicomte de), propriétaire, impasse Vignole.

Becdelièvre (de), (Léonce), (Comtesse de), rue Sully, 5.

Bellamy, greffier du Tribunal civil, rue Voltaire, 19.

Bellefond (de), capitaine en retraite, rue Saint-Rogatien, 11 *bis*.

Bellocq (Ch.), négociant, rue Boileau, 6.

Belot (Gaston), place Edit-de-Nantes, 1.

Bennett, vice-consul des Etats-Unis, rue du Calvaire, 15.

Benoit (A.), industriel, place Général-Mellinet, 6.

Bernède-Sachs, lieutenant de vaisseau, rue Royale, 9.

Bertet, avocat, quai Richebourg, 12.
Besnier, propriétaire, quai Turenne, 2.
Bégué, négociant, rue Gresset, 6.
Bidouet, propriétaire, rue de l'Ecluse, 10.
Biet (G.), industriel, rue Rameau, 3.
Biette (François), négociant en vins, rue de l'Industrie. 3.
Billard (Georges), droguiste, quai Baco, 15.
Biroché et Dautais, imprimeurs, place du Pilori, 5.
Blanlœil (Pitre), négociant, rue Fanny-Peccot, 3.
Bodo, négociant, rue de la Distillerie.
Boisseau, propriétaire, rue des Bons-Français, 3.
Boisseau (Ch.), négociant, rue Gresset, 1.
Bonamy (Louis), avocat, quai d'Orléans, 10.
Bonet, industriel, rue d'Alger, 10.
Bothereau, propriétaire, rue Gresset, 1.
Bougouin, architecte, rue du Calvaire, 10.
Bougouin (Paul), rue Boileau, 12.
Boulay, ancien notaire, rue Boileau, 3.
Boullaire (Mlle), rue de l'Echelle, 2.
Boullenger (Mme), propriétaire, rue Cambronne, 3.
Boullenger, notaire, rue Cambronne, 3.
Bourget (L.), huissier, place de la Bourse, 23.
Boursin, notaire, rue des Cadeniers, 3.
Bouquet (Mlle), directrice d'internat du Lycée de jeunes filles, rue Félibien, 26.
Boutin, négociant, rue de Vertais, 21.
Boutin (Gustave), négociant, quai Hoche.
Boutiron, rue Kervégan, 32.
Bouvais (Henri), fabricant de conserves, rue Affre, 1.
Bouvron (A.), quai Fosse, 39.
Bozec, propriétaire, rue de Flandres, 9.
Brard (Georges), propriétaire, rue Gresset, 11.
Brem (de), propriétaire, rue Saint-Denis, 9.
Brétéché (Mme), rue Dugommier, 11.
Brèvedent (de), propriétaire, rue Henri-IV, 12.
Brichet, armurier, rue Fosse, 20.

Brochard (A.), comptable, place Bretagne, 24.

Brohan, élève de l'Ecole supérieure de commerce, rue Crucy, 15.

Brongniart, avocat, rue des Dervallières, 10 *bis*.

Brousset (Jules), rue Voltaire, 11.

Brousset (Stéphane), rue Gresset, 11.

Bruère (de la), ingénieur civil, rue de la Bastille, 76.

Brunellière (Mlle), propriétaire, quai Fosse, 5.

Brunet (G.), industriel, Basse-Grande-Rue, 35.

Bruno (Joseph), négociant, avenue de Launay, 24.

Bruzon, propriétaire, rue Rosière, 35.

Bureau (C.), employé, rue Petite-Biesse, 27.

Bureau (Louis), directeur du Muséum, rue Gresset, 15.

Cahen (A.), négociant, place Royale, 9.

Caillé (Dominique), avocat, place Delorme, 2.

Caillé (Léon), négociant, rue du Château, 2.

Callaud, ingénieur électricien, rue Dugommier, 6.

Caron (Ed.), négociant, rue des Etats, 15.

Carré (Th.), raffineur, rue Voltaire, 10.

Cassard (Ludovic), marchand de vins, rue de Chateaubriand, 2.

Castagnary, propriétaire, quai Fosse, 5.

Caumont (de), proviseur du Lycée.

Cazautet, boulevard Delorme, 24.

Ceineray, courtier en marchandises, rue Franklin, 11.

Cercle des Beaux-Arts, rue Crébillon, 24.

Chapé (Pître), à la Musse, Ville-en-Bois, 9.

Chapeau, industriel, rue Dugommier, 7.

Charon, naturaliste, rue d'Orléans, 11.

Charyau, avoué honoraire, rue Crébillon, 19.

Chaumet (J.-B.), propriétaire, rue Marceau, 12.

Chauvet, docteur-médecin, rue du Croisic, 5.

Chenillez (Mme F.), propriétaire, rue du Calvaire, 23.

Chevallier (E.), propriétaire, rue Jeanne-d'Arc, 5.

CHEVALLIER (G.), propriétaire, rue Jeanne-d'Arc, 5.
CHOLET, juge suppléant, rue Jean-Jacques-Rousseau, 2.
CHRÉTIEN, à Nort (Loire-Inférieure).
COCHARD (Mme), propriétaire, place Graslin, 3.
COCHARD, avocat, place Graslin 3.
COQUEBERT DE NEUVILLE propriétaire, rue Henri-IV, 11.
CORMERAIS (E.), ingénieur-constructeur, rue Lamoricière, 10.
COSSÉ (Dominique), explorateur, rue de la Bastille, 54.
COUSIN, bijoutier, rue Crébillon, 14.
COYAND, propriétaire, boulevard Delorme, 27.
CRANEGUY, avenue de Gigant, 6.
CRÉTAUX, Grand Hôtel des Voyageurs, rue Molière, 4.
CRÉTAUX, Hôtel de France, place Graslin, 5.
CRIMAIL, docteur-médecin, rue Crébillon, 17.

DAGAULT (E.), fils, propriétaire, place Petite-Hollande, 3.
DAGUZÉ, bijoutier, rue Crébillon, 2.
DANIEL, négociant, rue Athénas, 6.
DECRÉ frères, Basse-Grande-Rue, 6.
DELAHAYE (Mme), rue de la Fosse, 34.
DELAHAYE, rue de la Fosse, 34.
DELAPLANCHE, négociant, avenue Carnot.
DESVIGNES, ex-directeur des Contributions directes, rue
    Saint-Léonard, 33.
DIANOUX, docteur en médecine, rue Affre, 1.
DOUAULT (Maurice), rue d'Alger, 1.
DOUAULT (A.), propriétaire, avenue de Launay, 28.
DOUDIÈS G., négociant, quai de Tourville, 9.
DOUET (Louis), négociant, quai Richebourg, 2.
DUBLINEAU, parfumeur, rue Crébillon, 19.
DUBOCHET, président de la Chambre de Commerce, boule-
    vard Delorme, 20.
DUBOIS, propriétaire, rue Santeuil, 3.
DULAC, consul de la République argentine, rue Boileau, 3.
DUPAS, dentiste, rue Contrescarpe, 20.

Durand (Abel), avocat, rue Santeuil, 1.
Durand-Gasselin, propriétaire, passage Saint-Yves, 19.
Durand-Gasselin, rue Lafayette, 11.
Duval, docteur en médecine, quai Turenne, 11.

Echenoz (Georges), ingénieur, rue Félibien, 30.
Emmanuel, tapissier, rue de l'Ecluse, 8.
Eon-Duval, avoué, quai Brancas, 6.
Esseul-Boutin (G., négociant, rue Jean-Jacques, 10.

Farrette-Milliat, propriétaire, boulevard Delorme, 40.
Fauconnier, notaire, rue Lafayette, 9.
Favennec, ingénieur, tenue Bouchaud, à la Musse (Chantenay).
Fleuriot, armateur, rue Dobrée, 15.
Fleury (L.), propriétaire, rue des Cadeniers, 5.
Fleury (Mme, rue Cambronne, 9.
Fleury Norbert, propriétaire, rue Rosière, 28.
Fraye et Julien, négociants, quai de Versailles, 39 *bis.*
Furst (E.) père, propriétaire, rue Jean-Jacques, 3.
Furst (E.) fils, propriétaire, rue Châteaubriand, 23.

Gaillard, banquier, rue de la Poissonnerie, 2.
Galland, propriétaire, rue Royale, 2.
Ganuchaud (G.), négociant, rue de la Poissonnerie, 13.
Garnier Maurice, industriel, quai Turenne, 8.
Gatineau (Henri), avoué, place Royale, 3.
Gauducheau, docteur-médecin passage Levesque, 15.
Gautier Gustave, directeur de la Cie du Gaz, quai des Tanneurs.
Gautté, avocat, rue Lafayette, 12.
Geiger Mlle), surveillante aux téléphones, rue Jean-Jacques, 1.
Gentric, avoué, rue Marceau, 7.

GERGAUD (Léon), docteur-médecin, rue de Strasbourg, 46.
GILARD, négociant, quai Port-Maillard 4.
GILLES, directeur de la Belle-Jardinière, rue du Calvaire, 12.
GIRAUDEAU, avocat, boulevard Delorme, 1.
GIRAUD, raffineur. passage Saint-Yves, 17.
GITON (Mme), propriétaire rue Bonne-Louise, 2.
GOUIN Mlle Marguerite), propriétaire, rue Verrerie, 18.
GOUIN (Mlle L.-L., rue Verrerie, 18.
GOULLIN. consul de Belgique, place Général-Mellinet, 5.
GOURDON (E. , constructeur, rue Cornulier, 15.
GOURDON, officier d'Instruction publique, rue de Gigant, 19.
GOUZÉ, commandant de sapeurs-pompiers, quai Fosse, 43.
GRASSET Henri , industriel, passage Pommeraye.
GRILLON, préposé en chef de l'octroi, rue Mercœur, 18.
GRIZOLLE A. , rue Voltaire, 2.
GUIBERT (H.). architecte, quai Fosse 25.
GUICHETEAU, ancien magistrat, boulevard Delorme, 33.
GUILBAUD Henri). propriétaire rue Cambronne, 1.
GUILLON Henri , négociant, quai Flesselles, 3 bis.
GUILLON (D.), assureur maritime, place Delorme, 2.
GUILLON (M.), armateur, quai Brancas, 8.
GUILLOT, substitut, rue Bastille 15.
GUILLOU, supérieur du pensionnat Saint-Stanislas.

HAENTJENS Ch.), négociant, rue Voltaire, 15.
HAILAUST D.). négociant, rue Saint-Julien, 1.
HALGAN (G.), docteur en médecine, boulevard Delorme, 30.
HARANG (Paul , rue Lafayette, 12.
HARDY, entrepreneur, rue de Rennes, 52.
HERGOT, juge de paix, rue Germain-Boffrand, 11.
HEURTHAUX, propriétaire, rue Bonne-Louise, 4.
HOUDET J.), propriétaire, rue Rosière, 9.
HOURDIN, négociant. rue de Rennes, 40.
HUBERT Const. , arbitre de commerce, quai Brancas, 2.
HUGÉ, colonel en retraite, rue Copernic, 22.

Jalaber, avocat, rue de Versailles, 29.

Jamin-Leglas. rue de Rennes. 110.

Jamont, avocat, place Canclaux, 2.

Jarnoux, doyen de la basilique Saint-Nicolas.

Joannis Mme de), propriétaire, rue de Bel-Air. 21.

Jollan de Clerville, propriétaire, rue de Bréa, 9.

Jonneau (L.), propriétaire, rue Germain-Boffrand, 12.

Jost Alfred), quai Turenne, 8.

Joubert, directeur du Comptoir d'Escompte, rue Lafayette.

Joubert, négociant, place de la Bourse, 23.

Jouon (F.), avocat, rue de Courson, 1.

Juloux. docteur, médecin-major en retraite, rue des Orphelins, 23.

Jumel et Champigny, négociants, rue du Calvaire, 14.

Kerguistel, avoué, rue Lafayette, 1.

Lacambre docteur-médecin, rue de Rennes, 4.

Lachau, général, quai Duguay-Trouin.

Lagave (Mme H. , propriétaire, rue de Flandres 10.

Lallié (Norbert), négociant, boulevard Delorme, 24.

Lamouche, lieutenant au 65e, rue Saint-André, 42.

Lapreté E. , notaire, rue du Calvaire, 15.

Larminat (H. de), chef d'escadron d'artillerie en retraite, tenue Camus 28.

Larocque, ex-inspecteur d'académie en retraite, rue Voltaire, 5.

Lavenne de la Montoise (de), lieutenant au 65e, rue d'Argentré, 1.

Lebeau, greffier, rue Bergère, 1.

Lecas, représentant de commerce, quai Fosse, 25.

Le Clerc, propriétaire, rue de Bréa, 4.

Leduc, docteur-médecin, quai de la Fosse, 5.

LEFEUVRE (Mme Andrée), propriétaire, rue de Bouillé, 9.

LEFEUVRE, docteur-médecin, rue Newton, 2.

LEFEUVRE (Louis), avocat, passage Louis-Levesque, 7.

LEFÈVRE-UTILE, industriel, rue de Strasbourg, 32.

LEFIÈVRE, industriel, rue Lafayette, 11.

LE FRIEC, directeur des Postes et Télégraphes, hôtel des Postes.

LEGOUAIS, propriétaire, rue du Calvaire, 1,

LEGRAND, avocat, rue Royale, 14

LE GRAND, propriétaire, boulevard Delorme, 26 *ter*.

LEHUÉDÉ, directeur de l'Ecole de comptabilité, Bourse, rue Fosse, 10.

LEJUS, frères, négociants, place Royale, 5.

LE MAGUÈRE, élève de l'Ecole supérieure de Commerce, rue Châteaubriand, 9.

LEMAISTRE, rue Marceau, 22.

LE MERCIER, inspecteur de l'enregistrement, place Saint-Pierre, 2.

LEMOINE, lieutenant-colonel, rue de la Distillerie, 24.

LEMUT, ingénieur civil, rue Mondésir, 12 *bis*.

LENNET-DEBAY, ancien conseiller municipal, passage Leroy, 5.

LENOIR, architecte, rue Jean-Jacques, 8.

LENOIR (Th.), industriel, quai de l'Hôpital, 13.

LEROUX (Benjamin), propriétaire, rue Jean-V, 2.

LE ROY, ancien directeur du Comptoir d'Escompte, rue Mercœur, 20.

LE ROY (E.), négociant, rue de la Fosse, 42.

LETOURNEUX, chef de bataillon en retraite, rue de Paris, avenue Eperonnière, 10.

LEVESQUE (G.), propriétaire, rue Harrouys, 3.

L'HEUDÉ, arbitre de commerce, rue des Halles, 22.

LHOMME (Alfred), propriétaire, boulevard Pasteur, 54.

LIBAUDIÈRE, ingénieur civil, rue Marceau, 22.

LINYER (Henri), propriétaire à Saint-Vincent-sur-Jard (Vendée).

Linyer (Louis), avocat, rue Paré, 1.
Linyer (Louis) fils, avocat, rue Copernic, 13.
Litoux, arbitre de commerce, rue des Cadeniers, 3.
Loiret, négociant, avenue de Launay, 26.
Lotz (A.), constructeur-mécanicien, rue Canclaux.

Maître (Léon), rue Strasbourg, 2.
Mancel (Mlle H.), propriétaire, rue Harrouys, 28.
Mancel (H.), propriétaire, rue Harrouys, 28.
Martin, avocat, rue Arche-Sèche, 2.
Mary (André), rue du Calvaire. 18.
Mary, avoué, rue Crébillon, 21.
Massion (Mme), rue Gresset, 15.
Maublanc, avocat, directeur de l'Ecole libre de Droit, quai
    Duquesne, 6.
Maufra, ingénieur, rue Chalotais, 2.
Maugras (Hippolyte), rue du Calvaire, 25.
Maulouin (L.), propriétaire, rue Santeuil, 4.
Maussion (Lucien), pharmacien, rue Crébillon, 19.
Ménard (Léon), propriétaire, rue Gresset, 9.
Mercier, capitaine au 65e, rue Desaix, 49.
Mérel, docteur en médecine, rue Contrescarpe, 11.
Merlant, juge-suppléant, place de l'Edit-de-Nantes, 1.
Michel, chef des bureaux ambulants, rue Strasbourg, 7.
Moret (Mlle), ex-directrice de l'Ecole normale d'institutrices,
    rue Rennes, 95.
Moitié (A.), rue de Rennes, 40.
Monnier (Paul), rue de la Distillerie.
Monfort-Férapié, négociant, rue Saint-Léonard, 35.
Moreau, (G.), négociant, directeur d'assurances, quai Jean-
    Bart, 2.   -
Morin de Linclays, agent du Phénix, rue Fosse, 40.
Moussier (Aug.), opticien, rue Crébillon, 24.
Murié (H.), rue Daubenton, 7.

Nassivet (Georges), rue du Calvaire, 1.
Nau (Paul), architecte, rue Lafayette, 16.
Navarre, contrôleur des Contributions directes, rue Sully, 3.

Ollivier, inspecteur général des Haras, passage Saint-Yves,
   21.
Ogereau (Camille), propriétaire, à Belle-Rive, Rezé.

Pageot, propriétaire, quai Fosse, 85.
Pajot, propriétaire, rue Voltaire, 10.
Palvadeau, avoué, quai Brancas, 7.
Papin de la Clergerie (Mlle Yvonne), propriétaire, rue de
   Bréa, 2.
Pasquier (Edmond), conducteur des Ponts et Chaussées, rue
   de la Bastille, 52 *bis*.
Patasson (L.), propriétaire, place Royale, 1.
Pellerin (M.), rue de Rennes, Villa-Maria.
Peltier (Louis), capitaine du génie, rue Lamartine, 19.
Péquignot (Jules) fils, imprimeur, rue Fosse, 32.
Péquin, industriel, place du Bouffay, 6.
Pergeline, négociant, place Saint-Pierre, 4.
Peroteaux, commissaire-priseur, rue Crébillon, 18.
Perret (E.), propriétaire, place Royale, 1.
Perrin, négociant, rue d'Alger, 3.
Perrouin (Félix), industriel, rue Voltaire, 21.
Pichelin, avocat, place de la Petite-Hollande, 1.
Pilon (Eugène), négociant, aux Renardières (Chantenay).
Pinard, négociant, rue Richer, 2.
Plantard, docteur-médecin, boulevard Pasteur, 29.
Plessix (G.) du, capitaine, rue Maurice-Duval, 1.
Poisson, directeur de la Nationale, rue Lafayette, 11.
Polignac (Ctesse de), rue de Bouillé, 9.
Polo (Eugène), négociant, rue Bastille, 44 *bis*.
Polo (J.), armateur, rue d'Alger, 1.

Porquier (Mme), propriétaire, place Graslin, 1.
Porquier, propriétaire, place Graslin, 1.
Poulain, négociant, quai Hôpital, 11.
Préaubert, tapissier, rue du Calvaire, 27.
Préaudet (G. de), boulevard Collinière, 70.
Prévot, restaurateur, place Graslin, 2.
Puybaraud, directeur d'assurances, rue Verrerie, 19.

Rabourdin, directeur de la Banque, rue Lafayette, 14.
Rado de Saint-Guédas, rue Grétry, 1.
Ragot, banquier, rue Dugommier, 2 *bis*.
Rault, Préfet de la Loire-Inférieure.
Renaud, avocat, rue de Savenay, 16.
Renault et Le Mauff, banquiers, quai Fosse, 17.
Reneaume, avoué, rue Lafayette, 16.
Reneaume, avocat, place Graslin, 3.
Révérend (Jules) fils, quai Fosse, 100.
Rialan (Jean), propriétaire, rue Dervallières, 12.
Riboulleau, propriétaire, passage d'Orléans.
Richard, négociant, rue Boileau, 5.
Richard (Henri), négociant, rue Porte-Neuve, 16.
Riondel, commandant, place Lamoricière, 1.
Riom (Victor) (Mme), quai d'Orléans, 22.
Rivière (P.), industriel, rue Lafayette, 12.
Rivron, ex-président de la Chambre de Commerce, place
    Royale, 11.
Robert frères, imprimeurs, quai Penthièvre, 2.
Robert, négociant, rue Mercœur, 9.
Robiou du Pont, chef du Service de la marine, rue Voltaire,
    6.
Roch, avocat, député, quai Duquesne, 6.
Rochefort (Ctesse de), rue Royale, 7.
Rouard (Monseigneur), évêque de Nantes, à Talence, route
    de Rennes.
Rougier-Lagane (Mme), propriétaire, rue Gresset, 3.

Rouillard, architecte, rue Jeanne-d'Arc, 10.
Rousseau-Dumarcet, notaire, rue Jean-Jacques, 2.
Roux frères, négociants, rue du Calvaire, 20.

Salières, imprimeur, rue Santeuil.
Sarradin (Emile), ancien maire de Nantes, boulevard Delorme, 22.
Sauvaget (Mᵐᵉ), industriel, place Monnaie, 1.
Schwob (Maurice), place du Commerce.
Sébilleau (Jules), négociant, rue Arche-Sèche, 18.
Ségalen, négociant, rue d'Orléans, 16.
Simon (Ch.), courtier maritime, quai Fosse, 33.
Société Académique, rue Suffren, 1.

Tagu (E.), négociant, rue du Calvaire, 28.
Tertrais (Victor), fabricant de conserves, à Beautour.
Tessier, fondé de pouvoirs au Comptoir, rue Strasbourg, 28.
Tharraud (Mᵐᵉ), propriétaire, rue Chalotais, 2.
Thébaud, avoué. rue Copernic, 11.
Thébaud (Paul), propriétaire, place Saint-Pierre, 3.
Théry (René), ex-directeur du Petit-Lycée, rue Bastille, 58.
Thibaut, avocat, rue Crébillon, 13.
Thibault (Eugène), négociant, rue Saint-Léonard, 19.
Thomas, percepteur, place Notre-Dame, 2.
Thubé, négociant, avenue de Launay, 4.
Tinguy (Mⁱˢ de), rue d'Alger, 1.
Trémant (Paul), propriétaire, rue Rosière, 11.

Vandamme (Armand), rue Anizon, 2.
Van-Iseghem (Mᵐᵉ), propriétaire, rue du Calvaire, 6.
Vier (Mᵐᵉ), libraire, passage Pommeraye, 26.
Vincent (A.), propriétaire, rue de Courson, 3.
Vincent fils, avocat, rue de Courson, 3.

Vincent, avocat, rue Newton, 1.
Vincent (Félix), propriétaire, la Gobinière (Pont-du-Cens).
Vincent (Joseph) (Mme), propriétaire, quai Baco, 8.
Vuillemin-Didion, négociant, rue Crébillon, 15.

Warneck (L.), rédacteur à la Préfecture, rue de Gigant, 20.
Wattin, receveur principal des Douanes, b^d Pasteur, 24.
Wismes (Baron Christian de), rue Henri-IV, 12.
Wismes (Baron Gaëtan de), rue Royale, 17.

3° MEMBRES CORRESPONDANTS

Bourru, professeur à l'Ecole de Médecine navale, Rochefort.
Gaboriau, explorateur, rue Montigny, 1, Paris.
Wiémer, consul de France à Guayaquil, rue Copenhague, 5, Paris.
Blanchot, colonel au 125° de ligne, à Poitiers.
Brau de Saint-Paul Lias, explorateur, rue Passy, 47, Paris.
Denis de Rivoyre, explorateur, au château de Prats, par Villefranche-sur-Pelvis (Dordogne).
Bonaparte (le prince Roland), avenue d'Iéna, 10.
Bouquet de la Grye, ingénieur en chef d'hydrographie de la Marine, Paris.
De Cambourg, rue de Lauriston, 83, Paris.
Lemire, boulevard Latour-Maubourg, 14, Paris.
Bonvalot, comité Dupleix, rue de Choiseul, 16, Paris.
Berge, rue Cadinet, 39, Paris.
Dibowski (Jean), professeur d'agriculture coloniale, Meaux.
Gautier (A.), lieutenant d'infanterie de marine, état-major hors cadre, Tananarive (Madagascar).
Berthaut (Léon), avocat, Rennes.
Joalland, capitaine d'artillerie coloniale, à Lorient.

Le Roux (Hugues), publiciste, à Saint-Germain-en-Laye (Seine-et-Oise).

Gallois (E.), publiciste, rue Mézières, 6, Paris.

Lanrezac, lieutenant au 24ᵉ de ligne, avenue de la Défense, 33 *ter*, Puteaux (Seine).

Ardouin-Dumazet, publiciste, rue du Plessis, 60, Versailles.

Durand (A.), avenue de Villiers, 126, Paris, Paris.

4ᵘ SOCIÉTÉS CORRESPONDANTES

Direction générale de statistique de l'Uruguay, à Montévidéo.

Société de Géographie de Paris, boulevard Saint-Germain, 184.

Société de Géographie de Toulouse.

Société de Géographie de l'Est, à Nancy.

Société de Géographie de Lyon.

Société de Géographie de Lille.

Société de Géographie de Bordeaux.

Société de Géographie de Marseille.

Société de Géographie du Havre.

Société de Géographie de Poitiers.

Société de Géographie de Dunkerque.

Société de Géographie du Cher, Bourges.

Société de Géographie de Rochefort.

Société de Géographie de Tours.

Société de Géographie de l'Ain, à Bourg.

Société de Géographie de Saint-Nazaire.

Société de Géographie commerciale de Paris.

Société de Géographie Languedocienne, à Montpellier.

Société de Géographie et d'Archéologie, rue Montebello, 9, Oran.

Société de Géographie de Rio-Janeiro.

Société de Géographie de Saint-Pétersbourg.

Société de Géographie de Stuttgard (Wurtemberg).

Société de Géographie Indo-Chinoise, à Saïgon.
Société de Géographie de Neufchâtel (Suisse).
Société de Géographie de Genève.
Société de Géographie d'Anvers (Belgique).
Société de Géographie de Manchester (Angleterre).
Société de Géographie de Finlande, M. le professeur J.-A.
    Palmen, à Helsingfors (Finlande).
Société de Géographie de Lorient.
Société neufchâteloise de Géographie, au Locle (Suisse).
Société royale belge de Géographie de Bruxelles.
Société de Topographie de France, à Paris, rue Visconté, 18.
Société des études coloniales et maritimes, rue de l'Arcade
    16, Paris.
Société Académique de Nantes, rue Suffren, 1.
Société des Sciences, Lettres et Beaux-Arts de Cholet.
Société des Sciences, Lettres, Tarare.
Alliance française, à Paris.
H. Lecène et H. Houdin, à Paris.
Hachette et Cie, boulevard Saint-Germain, Paris.
Hector Manceau, éditeur à Mons (Belgique).
The Canadian Institute, Toronto (Canada).
Société bourguignonne de Géographie, à Dijon.
Société des Sciences naturelles de l'Ouest, rue Gresset, 15,
    Nantes.
Fr. Schrader, librairie Hachette et Cie, boulevard St-Germain,
    79, Paris.
Sociedad científica « Antonio Alzate », Mexico.
Société la Loire Navigable, rue Mercœur, 12.
Revue de Géographie, par Drapeyron, rue Claude-Bernard,
    55, Paris.
Revue de Géographie, rue Soufflot, 13, Paris.
Revue française, rue de la Victoire, 92, Paris.
Revue de Madagascar, rue Ch. d'Antin, 44, Paris.
Union géographique du Nord, Douai.
Association tunisienne des Lettres, Sciences et Arts, Tunis.
Société de Géographie d'Alger.

Société de Géographie de Lima.

The Journal of the Franklin institute, Philadelphie.

Observatorio meteorologico central, Mexico.

Instituto flsico, geografico, San-José de Costa-Rica.

Société de Géographie de Québec, Canada, Richard E.
Dodge, Ed. Journal of School geographic Teachers College,
120 the Street New-York, City.

Bibliothèque de l'Université de Toulouse, rue de l'Université, 2, Toulouse.

Le Réformiste, directeur S. Barès, rue du Mail, 18, Paris.

Bulletin de la Colonie de Madagascar et dépendances.
Imprimerie officielle de Tananarive.

M. le Gouverneur de la Côte d'Ivoire, Grand Bassam.

L'Office colonial, galerie d'Orléans, Palais-Royal, Paris.

Les Entretiens, rue de la Victoire, 94, Paris.

Le mouvement géographique, 13, rue Bréderode, Bruxelles.

La France colonisatrice, 22, place Saint-Marc, Rouen.

Le Maroc français, rue Joubert, 8, Paris.

Œuvre coloniale des Femmes françaises, rue Boissière, 57,
Paris.

Boletin del Cuerpo de Ingenieros de Minas del Peru, Lima.

Boletin d'Agricultura, Mineria è Industrias, Mexico.

Société industrielle d'Elbeuf, ancien Hôtel-de-Ville.

Revue tunisienne de l'Institut de Carthage.

R. Blanchard, archiviste de la Ville, Hôtel-de-Ville.

La Gazette coloniale, via Nilo, 36, Napoli (Italia).

Comptes rendus
analytiques
des Séances

SÉANCE DU VENDREDI 24 AVRIL 1908

PRÉSIDENCE DE M. PORQUIER, VICE-PRÉSIDENT

M. le Président, en souhaitant la bienvenue au
R. P. VENANCE, provincial des Frères Mineurs Capu-
cins, si sympatiquement connu des Nantais, fait applau-
dir le rôle admirable de nos religieux, qui travaillent
dans les contrées lointaines à faire à la mère patrie un
bon renom. Le R. P. Venance se déclare heureux et ému
de parler devant un auditoire parmi lequel il compte
de nombreux amis. La terre nantaise, dit-il, est la terre
de la fidélité.

L'éminent religieux doit parler de la **MISSION CATHO-
LIQUE DU RADJPOUTANA** et de cette immense contrée qui s'étend au nord de la péninsule hindoustanique
entre le Pendjab et les provinces centrales.

L'empire anglais des Indes est divisé au point de vue politique, en deux sections : les provinces et les états protégés, la première sous l'administration de la couronne, la seconde sous la suzeraineté du pouvoir souverain. C'est dans l'acte de 1858, en vertu duquel le gouvernement passa de la compagnie à la couronne, que se trouvent les principes du système administratif actuel de l'Inde. Le roi d'Angleterre, empereur des Indes, est représenté dans la péninsule par un vice-roi, nommé pour cinq ans, résidant à Calcutta, et assisté d'un conseil à la fois exécutif et législatif. Mais les actes de ce conseil sont soumis au contrôle d'un Secrétaire d'Etat, résidant à Londres, et assisté d'un conseil de l'Inde. Les princes des Etats tributaires ne peuvent entretenir aucune relation diplomatique avec un Etat étranger.

Le Radjpoutana est la plus importante province du nord ; elle comprend 21 principautés. C'est une contrée saine, mais à moitié déserte et souvent exposée aux ravages de la famine par suite de la sécheresse trop fréquente. En 1869, ce fléau a fait plus de 1,200,000 victimes. Les monts Aravalis, ininterrompus du mont Abou (1,723 m.) à Adjinir, séparent les sables et les marais imprégnés des sels du Grand-Désert et la vallée de la Louni de la vallée du Tchambal. Dans l'ouest de ce pays, les régions sablonneuses, labourées par les chameaux, ne produisent que quelques céréales, mais servent à l'élève de nombreux troupeaux.

Aujourd'hui, 40 Pères évangélisent ce pays. Le conférencier, parmi les nombreuses projections qu'il fait défiler devant son auditoire, présente des groupes de missionnaires au milieu desquels se trouvent deux Nantais et beaucoup de Bretons.

Les Pères servent souvent d'aumôniers aux soldats catholiques et assemblent des enfants noirs, auxquels ils font l'école. Le système employé pour la construction des églises de mission intéresse vivement l'auditoire : la moitié des frais de construction est à la charge des missionnaires; le reste est payé par le gouvernement, qui prend la propriété de l'église mais assume la charge de son entretien.

Les enfants qui, après les famines si cruelles et si nombreuses aux Indes, ont été recueillis par les missionnaires, ont été réunis par eux dans des orphelinats où ils ont grandi, les garçons sous la direction des Pères, les filles sous la direction des Sœurs Franciscaines. Puis, mariés, ils ont formé des familles que le conférencier nous décrit en nous montrant des types très intéressants des habitants.

Les radjpouts, excellents cavaliers et hardis chasseurs, fournissent de très bons soldats à l'armée anglaise. Vêtus d'étoffes richement brodées, ils portent de coquets turbans, un pantalon étroit et une tunique collante, serrée à la taille par une ceinture qu'ils garnissent d'un véritable arsenal. A l'épaule, ils suspendent un bouclier rond en peau de rhinocéros, garni d'ornements en os. Seuls, parmi les Hindous, ils ont le droit de porter de lourds anneaux d'or aux mains et aux pieds. Ils soignent beaucoup leurs chevaux, qu'ils recouvrent de riches harnais. Jadis, les femmes se brûlaient sur le bûcher de leurs époux.

Au mont Abou les Anglais ont créé une importante station sanitaire. C'est en même temps le chef-lieu de la résidence de l'administration anglaise du Radjoutana. Au milieu des palmiers apparaissent les blanches coupoles de quatre temples. Deux d'entre eux auraient été édifiés de 1197 à 1247 et auraient coûté plus de dix-huit millions de roupies. Ils sont tout en marbre blanc, formés d'une cour à doubles galeries entourée de cellules abritant des figures de Bouddha. Au centre, en contre-bas, est le sanctuaire vénéré, précédé d'un péristyle avec des colonnes des plus curieuses portant un double chapiteau et reliées entre elles par un arceau original. Le plafond en creux avec ses ornements et ses figures est un des plus beaux spécimens de ce genre.

En se dirigeant vers le nord, la voie ferré longe les monts Aravalli ; à travers une région au sol caillouteux où paissent de maigres troupeaux, pour atteindre Ajmere, capitale d'un petit Etat englobé dans le Radjpoutana. Cette ville compte à peine 70,000 habitants. Adossée à une haute colline, elle est dominée par la citadelle et semble se blottir à ses pieds avec ses pauvres remparts, ses rues et ruelles sales aux modestes échoppes.

Le Dargah est en cette cité un lieu vénéré des Hindous et des Musulmans. Dans la cave de ce monument, on peut voir deux gigantesques marmites dont les dimensions sont telles qu'on ne peut songer à les déplacer. Pour remplir chacune d'elles, il faut un volume de riz, de sucre et d'amandes représentant un millier de francs et l'on partage cette sorte de bouillie entre les pélerins et les gens de la ville qui, au risque de se brûler, sautent dans les chaudrons encore chauds pour les récurer.

A environ sept milles de la ville, à Poskar, on peut voir un lac sacré sur les bords duquel des Temples ruinés forment un pittoresque tableau. L'un d'eux serait le seul Temple consacré à Brahma exclusivement, le seul, paraîtrait-il, encore debout aux Indes. Ce lac, le plus sacré de l'Inde, s'étend au centre d'une étroite vallée, entourée de collines aux sables mouvants dominées par quelques pics isolés. Il est un lieu de pélerinage des plus fréquentés. Riches et pauvres, misérables mendiants et princes étourdissants par leur luxe asiastique. Ces derniers se livrèrent à de folles dépenses, jetant l'or à pleines mains pour ériger des Temples de plus en plus beaux ; ce fut à tel point, paraît-il, que certains, comme les rajahs de Jeypore et de Jodpore, à une certaine époque, s'y appauvrirent, allant jusqu'à compromettre l'existence de leurs peuples, affamés et épuisés par les impôts dont on les écrasait. Il est vrai qu'ils y ont laissé des monuments vraiment remarquables et d'un haut intérêt artistique.

Remontant vers la vallée du Gange, le père Venance nous donne une idée de deux villes parmi les plus remarquables de l'Inde : Delhi et Agra.

Il faudrait consacrer non des jours, mais des semaines pour visiter Delhi et les ruines colossales qui couvrent toute la plaine, sur un espace que l'on peut évaluer à vingt-six kilomètres de long sur une dizaine de large au moins.

L'ancienne Delhi s'appelait la ville des sept châteaux et des cinquante-deux portes. La première mention qui en est faite, date de l'an 52 avant J.-C. Tamerlan la ravagea mais elle redevint florissante. Dénommée la Rome indienne, Delhi est bien la capitale du Nord de la péninsule. C'est là que fut proclamée, en une mémorable assemblée, la suprématie du gouvernement britannique sur tous les Etats indigènes. Le palais du Shah Jehan occupait la plus grande partie de la surface du port actuel. C'est à peine si les Anglais ont laissé subsister quelques parties de ce monument unique au monde. Il contenait, jadis, ce fameux trône, dit « trône des

Paons » d'une inimaginable richesse, le voyageur Tavernier qui le vit au XVIIᵉ siècle, l'estime à cent cinquante millions de francs. C'est ce trône qui fut pris en 1740 au grand Mogol Mohammed Shah, par le roi de Perse Nadir Shah, et il figure encore dans la salle du Conseil du palais des Shahs de Perse à Téhéran.

Sortant par la porte de Delhi, le premier groupe de ruines que l'on rencontre, c'est Ferozabad. Là, un pilier d'Asoka dresse son monolithe rose de quarante-sept pieds de haut et d'un mètre de diamètre au-dessus d'un amoncellement de décombres. Le sommet devait porter un globe avec le croissant.

A deux milles plus loin, se dresse la fière enceinte d'Indrapat avec ses grosses tours flanquant la haute muraille et encadrant les portes. Oui, nous voici dans un gigantesque cimetière, dont un certain nombre de tombes portent les traces de ces artistiques décorations représentées par de très vieilles faïences. Dans l'enceinte, en partie encore debout, s'élève, gigantesque, une tour conique cannelée en grès rouge et en marbre de 246 pieds, c'est la colonne du géant composée de cinq étages à balcons ouvragés avec finesse et allant en diminuant, pour ajouter ingénieusement à l'effet de la perspective.

De Delhi à Agra, on ne met que deux heures.

Inséparable du nom de cette grande cité, une des plus intéressantes que l'on puisse trouver est celui du Taj Mahal, ce monument célèbre que plus d'un auteur n'a pas craint d'appeler la Merveille du monde. Adossé à la rivière, il se présente dans un cadre merveilleux. L'empereur Shah Jehan le fit élever en l'honneur de son épouse favorite, la béguin Arzumaud Banu Mumtaz i Mahal (qui signifie : gloire du palais). C'est là, du reste, qu'il repose lui-même, auprès d'elle, et les deux époux ont été réunis dans la mort, comme ils l'avaient été pendant la vie.

Trois portes y donnent accès à droite et à gauche une série de galeries. Devant, s'étend un gracieux parc. A l'extrémité opposée, se dresse le splendide mausolée sur une terrasse dominant la rivière. Il est flanqué de deux mosquées en grès rouge surmontées de coupoles, sur lesquelles le marbre tranche en clair, l'architecte ayant ingénieusement cherché à faire jouer les couleurs dans ses constructions. Le tombeau, lui-même, orienté suivant les quatre points cardinaux, est percé d'une haute baie sarrasine flanquée de deux plus petites, et surmonté d'un dôme central. Utilisé, dit l'architecte Fergusson, comme palais de plaisance, le Tadj doit avoir toujours été la plus fraîche et la plus étonnante retraite au milieu de ces jardins.

A présent, consacré à la mort, c'est le plus émotionnant des sépulcres qui soit au monde.

En levant la séance, M. Porquier remercie le P. Venance. « Nos aupplaudissements, dit-il, s'adressent non seulement au conférencier, mais aussi à l'homme éminent qui se cache sous la modeste robe du Capucin. » Il remet au R. P. Venance la grande médaille de la Société et le nomme membre correspondant de la Société de Géographie commerciale de Nantes.

SÉANCE DU MARDI 12 MAI 1908

Présidence de M. LINYER, Président

M. le Président, en souhaitant la bienvenue au **Capitaine MERCIER,** constate combien, de plus en plus, les officiers ajoutent à leur compétence professionnelle des connaissances spéciales, se faisant, en particulier, les pionniers du mouvement scientifique et littéraire.

Nul ne pouvait parler du **SKI** avec plus de savoir que celui qui, quatre années durant, à l'Ecole de Briançon, en avait suivi l'évolution et les perfectionnements.

On a beaucoup parlé du Ski en France et à l'étranger, dit le capitaine Mercier ; ce mode de locomotion n'est cependant pas nouveau.

De tout temps, il a existé en Suède et en Norvège. Dès 1200, le roi scandinave Swerre employait ses Skieurs à éclairer son armée et à lui fournir des renseignements sur l'ennemi ; de même Gustave-Adolphe. Charles XII leur fait, en outre, faire la guerre de guerillas. En 1808, on voit une poignée de Skieurs surprendre un régiment' de dragons et le décimer.

Puis, après avoir été de plus en plus en honneur, le Ski tombe en désuétude et n'est plus utilisé qu'au point de vue militaire et dans les hautes vallées du Nord, surtout dans le Finmark et le Télémark. Par contre, l'alcoolisme a fait des progrès inouis, la Suède et la Norvège sont devenues les pays les plus alcooliques du monde ; la race s'étiole et sa disparition n'est plus qu'une question de temps.

En 1878, le gouvernement décide d'enrayer le mal national. Il soumet les débits de boissons à une réglementation des plus sévères ;frappe les alcools de droits prohibitifs ; enfin, s'efforce de développer dans la jeunesse norvégienne le goût des sports d'hiver et d'été.

Les officiers vont faire dans les vallées des conférences sur les sports et surtout sur le Ski. Des concours s'organisent, des Sociétés se constituent, le Ski devient le sport national. Les jours de fête, les familles entières vont faire de grandes excursions et visiter les merveilleuses forêts du pays. Les cabarets sont déserts la semaine comme le dimanche. L'alcoolisme a disparu. La gymnastique suédoise et le Ski ont sauvé la race et en ont fait une des plus belles du monde.

Les expériences de Ski n'ont réellement commencé à Briançon et dans les divers bataillons de chasseurs que dans l'hiver 1900-1901 ; malheureusement, les premiers essais n'avaient donné que des résultats moyens. Il fallait l'arrrivée, à Briançon, du lieutenant Schultz de l'infanterie norvégienne en congé, puis de la mission militaire composée du capitaine Angell et du lieutenant Quale, pour nous faire profiter de l'expérience acquise en Suède et en Norvège par des siècles d'essais.

Matériel employé dans les Alpes

Parlons d'abord du matériel employé en hiver dans les hautes montagnes et les régions froides.

Bâtons. — Les N°s 1 et 3 représentent les bâtons ferrés en usage dans l'armée et la population civile.

Le n° 3, qui a environ 0^{m}90, tend à être remplacé définitivement par le n° 1, qui est plus commode en raison de sa longueur (de 1^{m}20) et sert en même temps comme bâton et pour la construction de la tente-abri. Il supprime donc les supports brisés. Contrairement à la figure, le bâton n° 1 est habituellement pourvu d'une lanière en ficelle ou en cuir permettant de le fixer au poignet et appelée dragonne.

Piolet. — Le n° 2 représente le piolet dont sont pourvus un certain nombre de sous-officiers par compagnie. Par sa forme, cet instrument sert à la fois de bâton ferré et de pioche.

Corde. — Le n° 6 représente la corde qui sert à attacher ensemble les hommes dans les passages difficiles ; elle a habituellement de 10 à 14 millimètres de diamètre et 25 mètres ou 40 mètres de longueur.

Raquettes. — Le n° 5 montre une paire de raquettes. Ces raquettes sont rondes ou ovales et leur mode d'attache diffère suivant les modèles.

Chaussures. — Le n° 4 est une paire de chaussons de neige, appelés encore gants de pied ou snow-boots. Ils sont habituellement tout en drap, avec semelle en cuir légèrement débordante. Cette semelle en cuir peut être unie, porter des bandes de cuir perpendiculaires à la ligne pointe-talon, être lisse ou pourvue de clous. Quand ils doivent servir pour les Skis, il est préférable de ne pas les clouter. Quand ils ne doivent pas être employés à Ski, il vaut mieux les pourvoir de bandes de cuir et de clous diamant. Ils se boutonnent, soit sur le devant, soit sur le côté, soit derrière, au moyen d'agrafes, de boutons, de boucles, de courroies ou de lacets. Ils sont souvent recouverts de cuir sur le pourtour et sur le devant comme les « Lauparsko » ou souliers norvégiens. Les meilleurs pour aller à Ski sont ceux bordés de cuir et se fermant sur le côté.

Les soldats prennent ces chaussons quand ils vont à Ski ou à raquette ou ont à marcher dans la neige, ils les chaussent par-dessus les souliers ordinaires à clous et ont ainsi les pieds constamment à l'abri de l'humidité et du froid.

Quand on n'emploie pas le chausson de neige, il faut se servir de « lauparsko » ou de chaussures faites sur le même principe, c'est-à-dire pourvues d'une pièce de cuir cousue entre le pied et la semelle et venant se replier sur l'empeigne à laquelle elle est fixée à 0^{m}04 au-dessus de la semelle. Cette peau a l'avantage de rendre la chaussure imperméable et, en rendant l'empeigne plus dure sur les côtés, d'empêcher l'étrier de comprimer les orteils. Ces chaussures doivent être assez larges pour permettre de porter à l'intérieur des chaussons ou deux paires de chaussettes.

Enfin, quand on n'a ni « lauparsko », ni chaussures analogues, ni gants de pied, il faut des chaussures imperméables. On y arrive en doublant l'intérieur du soulier d'une garniture imperméable : vessie de porc, caoutchouc, etc... Cette précaution garantit de l'humidité, mais non du froid. Ces chaussures, comme les précédentes, doivent permettre de mettre des chaussons ou deux paires de chaussettes.

Skis. — Les n°s 7 et 9 représentent une partie de Skis.

Le Ski se compose essentiellement d'une longue planche en bois relevée à la partie antérieure et taillée en pointe, coupée à angle droit à la partie postérieure.

La longueur du Ski est variable ; elle doit être égale à la taille de l'homme auquel il est destiné, augmentée de la longueur du bras tendu verticalement. D'après les expériences de l'hiver 1904, on a conclu comme dimensions de 1^{m}75 à 2^m pour les petites tailles et de 2^{m}15 à 2^{m}30 pour les grandes tailles.

La largeur et l'épaisseur doivent rester invariablement les mêmes. L'épaisseur est de 25 $^m/_m$ à la pointe,

10 ^m/^m aux deux parties où le Ski pose sur le sol et de 100 ^m/^m dans la partie la plus large de la pointe qui est taillée en spatule, 80 ^m/^m sous le pied et 90 ^m/^m au talon (1).

La surface du Ski posant sur le sol est creusée suivant son axe d'une rainure de 12 ^m/^m de large et de 5 ^m/^m de creux, destinée à assurer la direction du patin dans la marche. Pour maintenir l'élasticité du Ski, la face inférieure doit présenter, en tout temps, une concavité dont la flèche est d'environ 35 ^m/^m.

Les Skis sont en bois très divers; les plus employés et les meilleurs sont en frêne, de couleur bois de préférence. Les Skis noirs seraient préférables comme fatiguant moins la vue, mais, en France, ils absorbent trop la chaleur solaire ; la neige fond à leur contact puis, quand elle regèle, les couvre d'une épaisse couche de glace qui les alourdit et gêne la marche.

Les Skis adoptés dans l'armée française viennent de Norvège, aucun fabricant français n'ayant pu, jusqu'ici, en fournir d'aussi bien conditionnés.

Le Ski tient au pied, soit uniquement par des cour-roies ; soit par un étrier en fer et des joncs nus ou recouverts ; soit par un étrier et des courroies comme dans la projection. En resumé, le pied est tenu par sa pointe, à hauteur de la base des orteils.

Il reste fixé dans cette position au moyen d'un système d'attache passant sur le talon du Skieur dans une boucle fixée au talon du soulier et consolidée par une courroie de dessus et une de dessous, comme un éperon à la chevalière. Le pied peut pivoter dans le sens vertical autour de sa pointe.

---

(1) **Poids de 2 à 3 kilos.**

Quand on marche un certain temps avec les Skis dans la neige pulvérulente, celle-ci s'amasse entre le dessous du pied et le Ski et se transforme en morceaux de glace par suite de la surfusion. Aussi, la partie du Ski située sous la chaussure est-elle munie soit d'écorce de bouleau, soit de caoutchouc, soit de peau de phoque sur laquelle la glace et la neige ne sauraient coller. Le dessous des Skis est maintenu glissant au moyen d'encaustique, de savon, de suif, de parafine, ou de spécialités appelés Foeresmürmüg et Fart.

Quand ils doivent rester un certain temps sans servir, les Skis sont graissés et pourvus de coins en bois leur conservant leur forme (proj. 1, n° 13).

Bâton de Ski. — L'usage du Ski dans un terrain très accidenté nécessite l'emploi du bâton ferré qui doit être pourvu, à 0^m08 de son extrémité, d'une raquette qui l'empêche de pénétrer dans la neige. Cette raquette se compose d'un disque en jonc ou en métal garni de cuir et formant un cercle de 0^m15 environ de diamètre. Ce disque est fixé au bâton à l'aide de quatre lanières en cuir gras, clouées ou vissées sur la canne ou encore reliées à un deuxième cercle plus petit fixé à la canne.

Ces bâtons sont simples ou doubles, en frêne, en bambou ou en châtaignier. Les meilleurs et les plus solides sont ceux en frêne ayant environ 2 mètres de long et 0^m03 de diamètre. Ils sont pourvus, comme dans la figure n° 1, d'une lanière en cuir permettant de les fixer au poignet et de bagues en cuir, de 0^m30 en 0^m30, pour empêcher les mains de glisser.

Freins. — L'emploi du frein est indispensable, pour les fortes montées et pour les hommes peu exercés. Les freins se placent sous les Skis ; ils sont, soit en peau de phoque dits « lygis »,soit en cuir, soit en drap, toujours en forme de courroies que l'on enroule autour du Ski ou que l'on tend sous le Ski. (Proj. I, n°s 11 et 12).

Effets spéciaux. — Les personnes pratiquant le Ski doivent être pourvues : d'un passe-montagne en laine tricotée et de gants très chauds. Les meilleurs sont ceux en poil de chèvre enveloppant la manche jusqu'au coude.

Pour éviter les ophtalmies, chaque homme doit être pourvu de lunettes de cantonnier, dont les parties métalliques placées au contact du visage doivent être garnies de velours ou d'étoffe pour éviter les morsures du froid.

Enfin, chaque homme doit emporter une paire de raquettes pour le cas où les Skis casseraient et ne pourraient être réparés sur place.

Quelques-uns recommandent également d'emporter des crampons pour la traversée des parties recouvertes de glace (1).

Alimentation. — Une alimentation substantielle est indispensable. Il est nécessaire d'augmenter la proporn tion de graisse et le sucre est un aliment reconstituant de grand secours.

Durée de l'apprentissage. — Il suffit d'une huitaine de jours pour dresser au patinage en Ski un homme souple et vigoureux, mais, tout comme l'équitation, le Ski ne s'apprend pas sans de nombreuses chûtes. Proj. n° 2.

Rendement du Ski. — En plaine, un coureur moyen fait jusqu'à 10 kilomètres à l'heure ; le Norvégien Holmen, champion du Ski, a fait, en 55 minutes et en

(1) Crampons à ski, qui se placent sous le ski au niveau de la pointe du pied.

terrain fortement coupé, 14 kilomètres et demi et 50 kilomètres en 4 h. 25'. Les bataillons de chasseurs de l'armée russe ont fait, en dix jours, avec armes et bagages, par 20° de froid et malgré la tempête, une marche de 697 kilomètres.

Enfin, pendant l'hiver 1903-1904, sous la conduite du capitaine Bernard, du 149e, directeur de l'École de Ski, et du lieutenant Baillayre, du même régiment, son adjoint, 8 officiers, 1 sous-officier, 1 caporal et 12 skieurs, de l'école de Ski de Briançon, ont fait une marche de 80 kilomètres et cependant quelques officiers ne pratiquaient le Ski que depuis quinze jours. C'est la marche la plus difficile qui ait été faite jusqu'ici par des Skieurs militaires, en raison du terrain, de la nature de la neige, du temps et dés variations énormes de température.

On cite en Norvège des marches plus longues, mais aucune plus difficile.

Emploi du Ski en temps de paix

Les Skieurs rendront de grands services, en temps de paix, dans tous les pays où la neige est abondante et reste plusieurs mois, surtout dans les forts et places de la haute montagne et dans les postes d'hiver. Les populations habitant les Alpes, le Jura, les Vosges, le Plateau Central, les Pyrénées ont tout intérêt à pratiquer ce sport.

Au point de vue militaire, les Skieurs pourront être utilisés :

1° Comme courriers ;

2° Comme agents de ravitaillement dans des cas urgents ;

3° Comme sauveteurs ;

4° Pour effectuer les reconnaissances des ouvrages ou batteries abandonnés pendant l'hiver ;

5° Pour procéder à des réparations de lignes télégraphiques ou autres.

1° *Comme courriers.* — Actuellement, le service des courriers se fait en raquettes et est très pénible. Il gagnerait à être fait en Skis au triple point de vue de la rapidité, de la sécurité et de la fatigue.

Pour donner une idée de la rapidité relative de l'homme à Skis, de celui muni de raquettes et de celui non pourvu de ces instruments, nous pouvons dire que, sur les terrains horizontaux ou en pente ascendante, là où l'homme enfonce à peine, le soldat va toujours plus vite en Skis qu'à raquettes et plus vite en raquettes qu'à pied ; que, dès que la neige est un peu épaisse, l'homme ne peut plus marcher sans raquettes ; que, là où les raquettes enfoncent de 30 à 40 centimètres, les Skis font un léger sillon ; qu'enfin les Skis permettent de traverser, en enfonçant à peine, des espaces infranchissables en raquettes. Si la pente est descendante, les Skieurs atteignent des vitesses qui ne dépendent que de leur force et de leur hardiesse.

L'hiver, la montée du village de Mont-Genèvre au Gondran, qui est de près de 6 kilomètres avec 604 mètres de différence de niveau et demande, en été, deux heures à pied, est impossible sans raquettes. Les chasseurs d'un bataillon ont mis en raquettes quatre heures à l'exécuter, l'école du Ski deux heures et demie, de très bons Skieurs deux heures.

La descente demande, en été, une heure environ ; l'hiver, elle est impossible sans raquettes, demande deux heures et demie en raquettes, vingt minutes à l'école de Ski et a été couverte en dix minutes par les officiers norvégiens.

Un détachement de chasseurs alpins met toute une journée pour aller de Névache à Briançon par la route qui suit le fond de la vallée de la Clairée, soit une vingtaine de kilomètres, tandis que l'école de Ski fait l'aller et le retour, sans fatigue excessive, de 7 heures du matin à 6 heures du soir, avec une grand'halte et des arrêts d'une durée totale de trois heures.

2° Comme agents de ravitaillement dans des cas urgents. — Le service des ravitaillements se fait autant que possible au moyen de câbles et, à défaut de câbles, à dos d'homme.

Or, à la suite de grandes chutes de neige ou de tourmentes qui ont dégradé les câbles ou interrompu leur fonctionnement, certains postes se sont trouvés absolument isolés pendant des périodes assez longues.

Dans de pareils cas, les Skieurs sont tout indiqués pour procéder au ravitaillement. C'est ce qu'on fait les Skieurs du 159e, en 1903, pour le poste des Acles occupé par des chasseurs.

3° Comme moyens de sauvetage. — Les Skis transformés en traîneaux, avec sacs, bâtons et raquettes, serviront, dans certains cas, au transport des malades des forts ou postes élevés, à l'hôpital le plus proche.

Lors de l'accident du skieur Marcel, victime d'une avalanche au col d'Izouard, en janvier 1904, c'est à l'aide d'un traîneau de Skis que l'on a pu rapporter son corps à Briançon sans difficulté.

4° Reconnaissance des batteries et ouvrages abandonnés pendant l'hiver. — Les consignes de la place de Briançon obligent de faire certaines reconnaissances d'ouvrages ou de batteries abandonnés pendant l'hiver. Ces reconnaissances sont en général fort pénibles et exposent les hommes à des accidents. Les Skieurs feraient la chose bien plus facilement et sans danger. Il faut une vingtaine d'hommes chaussés de raquettes, là où 8 ou 10 Skieurs suffiraient.

5° Réparation des lignes télégraphiques et téléphoniques. — Les lignes télégraphiques ou téléphoniques sont parfois détruites par les chutes de neige ou les avalanches, les Skieurs seuls opèreront facilement et vivement les réparations.

Emploi des Skieurs en temps de guerre

Les Skieurs, en temps de guerre comme en temps de paix, serviront comme courriers.

Ils pourront, en outre, être utilisés :

1° Comme organes de liaison ou de correspondance ;

2° Comme exploration et sûreté immédiate ;

3° A un rôle stratégique ;

4° Au combat.

1° Comme organes de liaison ou de correspondance. — Ils remplaceront avantageusement les bicyclistes et les cavaliers, inutilisables par la neige.

Ils auront une rapidité beaucoup plus grande que les hommes munis de raquettes.

Ils serviront encore comme organes de liaison et de correspondance en complétant les postes optiques par le ciel clair, en les remplaçant quand le brouillard ou la tourmente les empêcheront de fonctionner.

2° Comme exploration et sûreté immédiate. — L'exploration, le service de reconnaissance, le service de sûreté dans tous les cas pourront leur être confiés. Ils marcheront soit en avant-garde, soit en flanc-garde, soit en arrière-garde. Ils pourront remplir, dans tous les cas, les rôles dévolus aux éclaireurs et aux patrouilleurs. Ils serviront d'estafettes ou d'organes de liaison aux avant-postes. Ils fourniront les postes détachés en avant des lignes, leur mode de locomotion leur permettant de s'y rendre rapidement et de se replier en temps voulu.

3° Rôle stratégique. — Ils pourront, par une marche rapide et hardie, faire une démonstration à grande distance, 70 ou 80 kilomètres, tromper l'ennemi, l'attirer dans une fausse direction, surprendre ses derrières, se jeter dans ses lignes de communication ou opérer une destruction en un point très éloigné que l'on sait mal gardé.

4° *Au combat.* — Bien qu'ils ne semblent pas institués pour le combat, ils auront à l'employer pour contenir les Skieurs ennemis, quand ils iront occuper un point important jusqu'à l'arrivée des troupes, chaque fois qu'ils pourront produire un effet de surprise, dans leur rôle de sûreté, etc., etc.

Règlement de manœuvre des Skieurs

Voyons maintenant le règlement de manœuvre du Skieur, ou plutôt comment il stationne, marche et combat.

Armement et Equipement. — Les Skieurs doivent porter le fusil en bandoulière et non en travers sur le sac, comme dans la projection 8.

Ils ont un sac tyrolien ou le sac réglementaire sans cadre. Les outils et le campement sont supprimés ou réduits le plus possible.

Souvent les Skieurs n'emporteront qu'une assiette en métal.

Les vêtements sont les mêmes que ceux réglementaires, la vareuse à col rabattu devant être préférée à tout autre. Il y a avantage à munir le béret de couvre-oreilles ou d'un mode d'attache.

Manœuvres. — Ils se tiennent dans le rang comme le soldat sans arme ; les Skis, la pointe en l'air, dans 'le bras gauche, le bâton joint aux Skis, sa raquette traversée par la pointe d'un des Skis. Si les Skis sont chaussés, ils sont parallèles et à $0^m 05$ l'un de l'autre.

Les Skieurs se placent en ligne sur un ou deux rangs, à quatre pas d'intervalle et de distance.

Ils peuvent également se mettre en colonne d'après les mêmes principes.

La place des gradés, les commandements sont toujours semblables ou analogues à ceux du règlement d'Infanterie.

Ils exécutent les demi à droite (gauche), les à droite (gauche), les demi-tours à droite (gauche), de pied ferme et en marche, d'après des procédés analogues.

Ils peuvent prendre la position debout, à genou, , couchée, et tirent dans ces trois positions.

Marches. — Ils marchent soit en ligne, soit par le flanc, sur un ou plusieurs rangs.

Police des marches. — Un officier, à défaut un sous-officier ou un Skieur prudent et habile, est toujours guide de la colonne et tâte le terrain.

De même, un officier ou un Skieur habile, avec quelques hommes vigoureux, ferme la marche. Les autres officiers ou gradés sont répartis dans la colonne. Ils sont munis de sifflets ou de sirènes pour transmettre les ordres du chef ou avertir, suivant des signaux convenus. Les fractions sont séparées par quelques pas d'intervalle.

Halles. — Ils exécutent des haltes de 5 minutes toutes les 25 ou 30 minutes dans les montées ; de 10 minutes toutes les heures dans les autres cas, en ayant soin d'abriter les hommes.

Toutes les 4 ou 5 heures de marche, on fait une grand'halte, les Skis sont quittés et l'on mange la soupe.

Les longs repos ont lieu dans les marches d'une cinquantaine de kilomètres.

Montées. — Les pentes sont gravies, soit directement (comme dans la marche ordinaire), soit « en arête de poisson » en écartant les pointes de Skis (comme si l'on marchait en ouvrant les pieds) et en appuyant sur les talons, soit « en escalier » (comme si l'on gravissait une côte en marchant en crabe, c'est-à-dire de côté', soit enfin en faisant des zigzags.

Descentes. — Les descentes sont exécutées :

1° Soit directement en modérant la marche avec le bâton, « en freinant ».

Le bâton doit être tenu de côté comme dans la figure 16ᵉ, et jamais en avant ou entre les jambes.

2° Soit « en chasse-neige », en fermant la pointe des Skis comme si l'on marchait en fermant la pointe des pieds.

3° Soit « en position d'arrêt » ; l'un des Skis est placé obliquement à la pente, en angle plus ou moins aigu avec l'autre, son arête intérieure coupant la neige.

4° « En gradins », d'après le même principe que pour la montée « en escalier ».

5° En zigzag.

Quand le Skieur lancé rencontre un obstacle qu'il ne

peut sauter, il fait une conversion brusque et instantanée au moyen du « coup du Télémark » ou du « coup de Christiania ». Ces coups ressemblent un peu au dehors du patinage, mais sans soulever le Ski extérieur.

Le « coup de Télémark » consiste à avoir le Ski intérieur en arrière au début du mouvement ; le « coup de Christiania » est l'inverse.

Enfin les Skieurs en groupe manœuvrent d'après les mêmes principes que la compagnie.

Matériel norvégien

Les officiers Norvégiens avaient apporté avec eux tout un matériel qui a été utilisé pendant l'hiver 1903.

Tentes. — Ils ont une grande tente qui permet de faire du feu à l'intérieur au moyen d'une grille cubique démontable. Elle est formée de toiles de tente assemblées, ayant la forme d'un triangle équilatéral et de même poids que nos toiles de tente.

Quand la tente est formée de 16 toiles, elle prend la forme de la figure 18. Quand elle est formée de 8 toiles, elle prend la forme de notre tente-abri.

Des hommes ont pu coucher sous cette tente en hiver par moins 12° à l'extérieur, sans souffrir du froid, et pourvus seulement d'un sac de toile imperméable, d'un passe-montagne et d'un couvre-pied. On recouvre plus ou moins ces tentes avec des branchages et de la neige.

Cabanes de neige. — On peut employer, pour bivouaquer, des cabanes de neige, sortes de grands fossés creusés dans la neige, couverts avec des planches, Skis ou branchages, recouverts de neige et complétés ou non par des niches latérales. Elles sont le plus souvent aménagées pour y faire du feu.

Traîneaux. — Les officiers norvégiens avaient également apporté avec eux un traîneau employé surtout dans les expéditions polaires.

Il a été très utilisé par le peloton des Skieurs de Briançon. Il était traîné par deux ou quatre chiens, suivant le poids dont il était chargé.

On peut organiser à l'aide de Skis, de sacs, de bâtons et raquettes, des traîneaux de fortune comme celui-ci, imaginé par le capitaine Bernard, directeur de l'Ecole de Ski de Briançon.

Les sacs des extrémités supportent la tête et les pieds, la raquette du milieu sert de siège.

Le Cheval et le Ski. — Les chevaux, ferrés à glace comme en Russie, peuvent être utilisés pour remorquer les Skieurs. Un cheval suffit à traîner une dizaine d'hommes placés l'un derrière l'autre. C'est plutôt un sport qu'un moyen pratique.

CONCLUSION

Résultat social à obtenir

Vous voyez, mes amis, les études poursuivies en France ; vous voyez les résultats obtenus par les écoles de Ski instituées à Briançon et dirigées avec un admirable dévouement, une grande intelligence et une rare compétençe :

En 1901-1902, par le capitaine Clerc, du 159e, et le lieutenant de réserve Monnier ; en 1902-1903, par le capitaine Clerc, les lieutenants Baillayre et Latrabe, du

159e, avec le concours des officiers norvégiens : capitaine Angell, lieutenants Schultz et Quale.

En 1903-1904, 1904-1905, par le capitaine Bernard, du 159e, qui a organisé la première école de Ski pour les 14e et 15e corps, et a été remarquablement secondé dans sa tâche par le lieutenant Baillayre, déjà cité.

En 1905-1906, par le capitaine Rivas, du 159e, pour l'Ecole normale de Briançon ; par le lieutenant Laurens, pour l'Ecole régionale du 159e ; par les officiers-élèves des années précédentes, pour les Ecoles régionales de leurs corps.

Mais il ne faut pas s'endormir, car l'étranger travaille lui aussi.

En Russie, en Allemagne, en Autriche, en Italie, des écoles de Ski existent chaque année et chaque hiver voit de nouveaux progrès réalisés.

Si cette instruction a une importance militaire, elle a aussi une portée sociale.

Sous le climat terrible des Hautes-Alpes, les habitants sont devenus une race rachitique. Ayant à lutter contre le froid qui descend couramment au-dessous de 20°, contre la neige qui atteint et dépasse quelquefois plusieurs mètres, les habitants abandonnent les étages supérieurs de leurs maisons et vivent misérablement, confinés au milieu de leurs animaux, dans leurs étables, situées au rez-de-chaussée des maisons.

Il faut leur faire connaître le Ski : pour les sortir, les fortifier, leur permettre de rayonner dans leurs campagnes.

Tous les soldats originaires de la région sont exercés à ce sport. Ils sont, en outre, initiés à la fabrication économique et à la réparation pratique des Skis.

Des rallyes, des courses, des concours de sauts mili-

taires, des exercices de luges, vulgairement appelées
dans le pays ramasses ou carosses, ont été organisés et
la population est conviée à y assister. Déjà les habitants
commencent à s'y intéresser.

Pourquoi n'obtiendrions-nous pas ce que la Suède et
la Norvège ont si merveilleusement réussi pour l'amélioration de leur race ?

M. le Président remercie le capitaine Mercier de son
intéressante conférence et lui remet, au nom de la
Société, une médaille d'argent.

SÉANCE DU VENDREDI 21 MAI 1908

PRÉSIDENCE DE M. PORQUIER, VICE-PRÉSIDENT

L'influence que nous possédons, depuis tant de
siècles, dans les pays d'Orient, déjà si sensiblement
amoindrie, sera bientôt réduite à néant si nous n'y
prenons garde.

Précieux héritage cependant, ardemment convoité
par toutes les grandes nations et particulièrement par
nos voisins d'Outre-Rhin. Malgré tout, la France
demeure encore là bas, dit **M. RŒDERER**, le pays qui
auréole la gloire, la puissance synonyme, de justice et
de liberté.

La Syrie, le Liban, la Palestine, autant de noms
inscrits à chaque page de notre histoire, depuis l'ère où
les paladins portaient la croix sur la poitrine, jusqu'à
l'époque plus proche où le général le Beaufort d'Haut-

poul vengeait de terribles massacres, sous la Restaura,
tion, alors que la race héllène luttait pour son existence
tandis que côtes et îles étaient à feu et à sang, le
drapeau de la France apporta toujours aux adversaires
appui et protection. Mais, il n'y a encore rien de
comparable, pour ces peuples épris d'aventures, au nom
prestigieux de Napoléon, et bien que la campagne qu'il
fit au Liban eût été malheureuse, il demeure comparable
aux plus grands hommes dont s'enorgueilli l'Islam.

Aujourd'hui, la lutte est contournée sur un terrain
bien différent. Il n'est plus l'heure pour les nations
européennes de se tailler des territoires, les armes à la
main les compétitions entre elles sont essentiellement
économiques.

Installé a Beyrouth où depuis plusieurs années, il
dirige une importante maison de commerce, M. Rœderer
demande aux industriels et commerçants, ses compatriotes, de s'organiser nombreux en cette ville, où il y
a tant à faire. Il désire, il veut la concurrence, pourvu
qu'elle soit française.

Sur une petite presqu'île qui flanque les contreforts
du Liban, Beyrouth apparaît de la mer, paresseusement
couchée. Cubes de pierres et minarets élancés, elle est
bien le type de ces villes orientales. Belle et gracieuse
à distance, elle perd de son charme dès qu'on y
débarque.

Foules grouillantes et saleté repoussante des rues que
seuls des chiens jaunes ont charge d'entretenir. Maisons
vétustes et ruinées que ne releveront jamais leurs
propriétaires, imbus de conceptions fatalistes on se
demande comment de telles horreurs peuvent déter-
miner l'impression riante qui, du large, séduit toujours
le voyageur.

Le quartier européen fait, avec la ville indigène, un contraste frappant. De larges places et des monuments bien construits, qui représentent les banques et les grands magasins, défilent sous nos yeux. Le conférencier souligne chacune de ses remarquables projections d'intéressantes explications. Ici, ce sont des fortifications du moyen-âge et là, est une église du xiie siècle, aujourd'hui mosquée. C'est que Beyrouth est une citée antique, dont l'origine s'estompe dans les brouillards de l'histoire. Elle s'élève sur l'emplacement de l'ancienne *Berytus* des Phéniciens, plus tard cité romaine. Prise par Baudouin et ses croisées en 1110, reprise par Saladin en 1187, elle tomba bientôt sous la domination des émirs Druses, dont le principal, Fakhr-ed-Din, l'embellit (xvie siècle). En 1831, elle fut conquise par Ibrahim-Pacha, fils du gouverneur d'Egypte, Mehemet-Ali et bombardée en 1840, par une flotte anglo-turque.

Située au centre de la côte syrienne, à peu près à égale distance de l'Asie-Mineure et de l'Egypte, Beyrouth est réunie à Damas par une voie ferrée, inaugurée en 1895. Cent quarante sept kilomètres séparent ces deux villes : le port maritime et le port désertique. Les caravanes arrivent chaque jour à Damas nombreuses et richement approvisionnées, et les marchandises qu'elles apportent sont déversées vers la mer. Beyrouth possède des filatures de soie et des tissages de coton, elle exporte annuellement pour 1 million de francs de laine, coton, soie grège du Liban. Elle importe pour 55 millions de charbons, métaux, étoffes, objets manufacturés.

On ne peut citer Beyrouth sans parler de l'œuvre remarquable qui fait là bas l'honneur de la compagnie de Jésus et dont bénéficie si largement l'influence française : nous avons nommé l'École de Médecine. Autorisée par le gouvernement ottoman, sous l'exclusive direction de maîtres français, elle propage tout à la fois nos idées et notre langue.

Elle délivre chaque année un nombre respectable de diplômes de doctorat, et a produit d'éminents élèves.

En remontant la côte syrienne, M. Rœderer nous conduit à Tripoli. Dominée par le château du Sandjil, la ville présente un haut quartier et la marine. Dans le haut quartier, nous remarquons le classique bazar des villes turques ; c'est là que ce fait le commerce de maroquineries très réputées. Sur la marine les magasins et les agences maritimes. Ici, comme sur presque tous les points de cette côte, la rade est peu sûre, mal protégée et le débarquement souvent dangereux. Cette ville joua un grand rôle parmi les cités phéniciennes au IVe siecle avant notre ère. Elle est aujourd'hui bien tombée.

Les montagnes et les vallées du Liban ont une réelle beauté. Curieusement peuplées de Druses et de Maronites, elles servent parfois de champs clos aux luttes entre ces populations séculairement rivales. Les Druses sont musulmans et les maronites chrétiens, dirigés par un patriarche spécial soumis à l'autorité pontificale.

C'est dans une large vallée, entre le Liban et l'anti-Liban, que l'on admire les plus majestueuses et peut-être les plus imposantes ruines qui soient au monde. Quelles peuvent être les origines de ces fameux temples du soleil, de cette prodigieuse cité de Baal ? Quels hommes l'ont fondé, quels étonnants architectes ont pu la concevoir ? Six colonnes supportant seulement une frise brisée, tels sont les seuls vestiges d'un temple

qui fut une des plus étonnantes merveilles du monde.
Plus loin un autre sanctuaire, celui-là de dimensions
colossales, formé par des alignements de blocs cyclo-
péens. Et voici encore des propylées magnifiques,
mutilés par les sièges et les assauts, mais que la main
des hommes et les secousses sismiques n'ont pu
ébranler. Tous ces temples, dédiés à Jupiter et au soleil,
étonnent le voyageur tant par leurs extraordinaires
proportions que par leur situation dans ces solitudes.

Mais, où sont donc les cèdres célèbres du Liban ? Le
conférencier nous transporte dans la partie sud de ces
montagnes, montre les derniers représentants de ces
arbres célèbres. Ils sont peu nombreux et protégés
contre les mutilations par des mesures très sévères.

M. le Président remercie M. Rœderer de l'intéressante communication qu'il a bien voulu faire. Il fait
ressortir l'intérêt qu'a la France à ne pas abandonner
sa politique traditionnelle en Orient, et lève la séance.

SÉANCE DU VENDREDI 18 JUIN 1908

PRÉSIDENCE DE M. LINYER, PRÉSIDENT

Prennent place au bureau : M. Dagault, notre aimable
trésorier, MM. de la Brosse, le Dr Halgan, notre si
sympathique et dévoué secrétaire général.

Après les formalités d'usage, le président, avec l'éloquence et l'esprit d'à-propos dont il est coutumier,
présente au nombreux public **MONSEIGNEUR AU-
GOUARD**, évêque du Congo, qui avait bien voulu parler

de notre grande **COLONIE DE L'AFRIQUE OCCI-
DENTALE** devant la Société de Géographie Commerciale de Nantes.

Le Président retrace les glorieuses étapes du conférencier dans sa rude vie de missionnaire, et se hâte de
lui donner la parole au milieu des applaudissements.

Le conférencier charme son auditoire, dès l'abord,
par son talent, sa connaissance approfondie du sujet
et sa modestie. Il défiŕit le Congo français, que l'on
appelait généralement le Gabon quand on n'en connaissait que la côte, et le limite par la frontière conven-
tionnelle du Cameroun au Nord, la possession portugaise de Cabinda et le cours du Congo au Sud, le cours
de l'Oubangui vers l'Est, et, vers le Nord-Est, des
frontières éloignées dans la région du lac Tchad, pré-
cisées, en 1907, par les travaux des missions Moll et
Cottes.

Le relief du sol est celui de toute la côte de l'Afrique
occidentale.Une zone littorale basse,formée d'alluvions,
occupe 60 kilomètres de large sur 1,300 kilomètres de
développement, coupée de marigots, de deltas à l'embouchure des fleuves, couverte de lagunes pestilen-
tielles. En arrière, une région montagneuse en gradins,
terrains anciens recouverts parfois, sur la bordure
extérieure, de grès rouges et blancs. Les monts de
Cristal, le mont de la Mître, en sont les points culmi-
nants atteignant jusqu'à 1,500 mètres.

Vers l'intérieur, de vastes plateaux sablonneux et
schisteux, et, dans les nombreux bassins des affluents
du Congo, de l'Ogoané, du Temboni, la forêt équatoriale dense, hirsute, composée d'une grande variété
d'espèces épineuses, spécialité des pays rudes.

Tous les fleuves, dont plusieurs ont comme l'Ogooué

jusqu'à 1,300 kilomètres, ont un cours paisible dans la région avoisinant la côte,mais dans la partie supérieure de leurs cours, ils sont coupés par des rapides très violents pendant les saisons pluvieuses, à raison de cette disposition du sol en gradins. Aussi les fleuves ne peuvent-ils rendre actuellement que peu de services pour la pénétration, et le voyageur doit marcher à pied ou se faire porter par des hamacaires, les animaux de bât résistant mal dans la région humide à cause de la mouche tsé-tsé qui les décime.

Le conférencier fait remarquer que si ce pays n'a pas encore de rendement économique sérieux, c'est qu'il n'est pas encore positivement exploité, faute de voies de communications suffisantes et bon marché, faute de main-d'œuvre laborieuse et de capitaux hardis.

Le Congolais, comme le Gabonais, est très paresseux et ce sont les femmes qui, dans la vie domestique, fournissent la grosse somme de travail ; elles sont, par suite, plus intelligentes. L'homme s'acquitte de certains travaux des champs, de portage pour l'administration ou les voyageurs qui en recherchent, de la pêche et de la chasse.

Bien des richesses existent dans cette terre d'Afrique. Le fer, le manganèse, l'étain, le cuivre, le plomb, le sel. Le fer à l'état de sesquioxyde se rencontre à fleur de terre et les indigènes, en certains endroits, traitent ce minerai dans des appareils primitifs. La quantité de minerai de fer contenue dans le sol africain, dit le conférencier qui a tout observé, ne sera-t-elle pas un jour la réserve du monde, maintenant que nous entrons dans « l'âge d'acier ».

Le public montre par ses applaudissements combien il apprécie ces aperçus intéressants.

Ce pays, placé exactement sous l'Equateur, continue le conférencier, a des saisons assez égalisées : alors que sur le littoral les pluies d'été tombent de juin à octobre au Nord de l'Equateur, et de octobre à juin au Sud, succédant aux saisons sèches d'hiver alternées, des « inter-saisons » existent sur les plateaux, causées par la forêt équatoriale qui provoque des pluies entretenant de l'humidité toute l'année. Aussi tous les végétaux tropicaux peuvent s'y cultiver et l'on trouve le caoutchouc, le palmier à huile, le café, le cacao, la vanille, la vigne sur les hauteurs, le riz, le tabac, la canne à sucre, la banane, le manioc, l'igname, le maïs, le mil, les bois d'industrie et de teinture, le faux ébénier, l'acajou, le caïcédrat, l'okoumé, le bin, richesses végétales qui ne demandent qu'à être exploitées rationnellement, comme les richesses minérales, comme les richesses morales qui préoccupent tant nos missionnaires éducateurs.

Les races qui habitent ces régions sont diverses. La plus nombreuse est la race Bantou, fétichiste et parfois anthropophage, puis la race des Bakalais, des Obamba sur l'Ogooué, des Batékés, les M'Fan ou Pahouins, guerriers venus de la vallée du Nil, race dominatrice, les Okoas, nains chasseurs, troglodytes le plus souvent, parents des pygmées de l'Afrique centrale.

Les rapports avec l'indigène ne sont pas toujours faciles, surtout parce qu'ils se défient et se considèrent en état d'hostilité. En général, quand ces peuples sont sous l'empire des boissons fermentées ou excités par leurs sorciers, ils sont d'une grande férocité. Le conférencier raconte, avec un succès d'émotion, l'horrible fin du belge Hodister, dévoré vivant avec ses compagnons à l'embouchure de l'Oubangui, auquel

les anthropophages firent manger de ses membres
grillés avant de l'achever. Les populations du littoral
sont plus pacifiques.

Bien qu'il y ait beaucoup de mulsumans dans le
Congo, la majorité est fétichiste.

Toutes les manifestations violentes des forces de la
nature, tous les maux de l'humanité ont pour auteurs
présumés des êtres fantastiques dont l'imagination
naïve des indigènes remplit le monde. Ils attribuent à
ces monstres invisibles des formes exagérées d'animaux réels. Contre la puissance de ces dieux malfai-
sants, ils se protègent par des fétiches nombreux, aussi
nombreux que leurs craintes irraisonnées. Statuettes
grossièrement sculptées, morceaux de bois, de corne,
de peau, touffes de poil. Parmi les coutumes barbares,
que détaille le conférencier, il souligne l'épreuve du
poison employée pour rechercher un coupable à la
façon du « jugement de Dieu » moyennageux. Seulement le sorcier féticheur qui prépare les poisons, dit
l'orateur avec infiment d'humour, en règle les effets et
il y a toujours des accommodements avec lui. Or, comme
le voleur est généralement plus riche que la victime
qu'il a dépouillée, c'est le plus souvent le voleur et le
sorcier qui gagnent à cette forme de justice ; le volé
est deux fois victime, affaire d'habitude.

Une curieuse coutume du Gabon est de considérer les
enfants comme issus des génies du pays plutôt que de
ses parents. Aussi, leur donne-t-on un nom rappelant
le lieu ou les circonstances de leur naissance plutôt
qu'un nom permettant de retrouver leur parenté.

Ces mœurs rendent bien difficile la catéchisation des
Congolais que Mgr Augouård ne pouvait pas passer
sous silence.

Il nous a montré les luttes patientes des missionnaires contre le fétichisme, luttes où tant de prêtres
courageux ont trouvé la mort. Il nous a dépeint les
efforts considérables et les résultats qui ne sont malheureusement pas proportionnés. Grâce au dévouement des missions apostoliques, des centres catholiques ont été formés, des écoles où l'on recueille, baptise,
élève, instruit et marie les jeunes chrétiens indigènes,
qui trop souvent retournent à leurs anciennes prati-
ques et oublient complètement les principes reçus des
Pères.

Le conférencier, après avoir rendu hommage au plus
Grand Français du Congo, Savorgnan de Brazza, et avoir
montré son œuvre, fit défiler devant le public enchanté
une série de projections accompagnées d'explications
fort intéressantes. Successivement se sont présentés des
vues du Cap Lopez, de Libreville, de Brazzaville, des
paysages équatoriaux, des types de races, des épisodes
de la vie indigène, les constructions et les églises des
missions, des groupes de jeunes chrétiens. Des
applaudissements prolongés ont interprété les sentiments de l'auditoire.

Le Président, après avoir remercié l'orateur en termes
choisis, selon son habitude, lui a décerné, au nom de la
Société, sa grande médaille d'argent.

Le Gérant,

P. DAUTAIS.

Nantes — Imp. Meurnel. Place du Prior, 5 — Biroche et Dautais, Succ⁰ⁿ.

26e ANNÉE — 1908 — 1er TRIMESTRE

BULLETIN TRIMESTRIEL

de la

Société de Géographie

COMMERCIALE

De Nantes

NANTES

IMPRIMERIE C. MELLINET — BIROCHÉ ET DAUTAIS, SUCC'rs

5, Place du Pilori, 5

1908

BUREAU POUR 1908

MM.

Président	LINYER (Louis), avocat, rue Paré, 1.
Vice-Président.	CHOLET (Gustave), juge suppléant.
Vice-Président.	PORQUIER (G.).
Vice-Président.	Cⁿᵗ LETOURNEUX.
Vice-Président.	Cᵉˡ LEMOINE.
Secrétaire général.	Dʳ HALGAN.
Trésorier.	DAGAULT (E.).
Bibliothécaire.	Cⁿᵗ LETOURNEUX.
Conservateur du Musée	DAGAULT (E.).

COMITÉ CENTRAL

MM. BIGAULT DE CASANOVE.	MM. Lᵗ DE LAVENNE DE LA
CEINERAY.	MONTOISE.
CHOLET.	Cᵉˡ LEMOINE.
Dʳ CRIMAIL.	Cⁿᵗ LETOURNEUX.
DE CAUMONT.	LINYER.
DAGAULT (E.)	PORQUIER (G.)
Dʳ HALGAN.	RÉVÉREND.
Cᵉˡ HUGÉ.	TRÉMANT.
Lᵗ LAMOUCHE.	VINCENT (A.)
LAROCQUE.	

La Société ne prend sous sa responsabilité aucune des opinions émises soit par les conférenciers, opinions reproduites dans les compte rendus, soit par les auteurs des articles insérés dans son Bulletin.

Il sera rendu compte, autant que possible, des ouvrages adressés en double exemplaire à la Société.

La *Bibliothèque* de la Société est ouverte à tous les Sociétaires tous les jours, excepté le dimanche et les jours fériés, de 1 h. à 4 h.

Pour tous renseignements relatifs à la Société, prière de s'adresser au siège social, 34, rue de la Fosse.

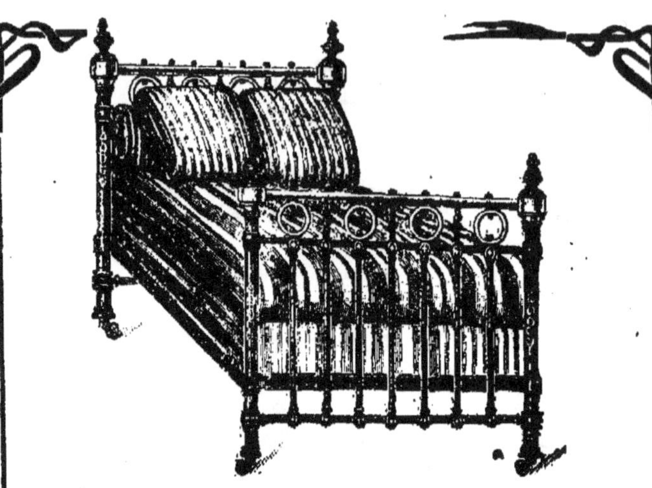

Plumes, Duvets
Laines et Crins

Maison spéciale de Literie
E. GUYON
7, Quai Cassard (près de la Girafe) NANTES

Sommiers élastiques et métalliques
Matelas, Couvertures Laines et Cotons
Couvre-Pieds, Édredons Américains, etc.

Lits Fer et Cuivre
Lits Fer -- Lits Cage

Réfection de Sièges, Sommiers et Matelas

Ateliers et Appareils spéciaux
pour l'Assainissement par la Vapeur
de tous Objets de Literie et Vêtements

CYCLES
CELTIC
23 QUAI D'ORLÉANS
NANTES
LA MEILLEURE MARQUE

26ᵉ ANNÉE — **1908** — **2ᵉ TRIMESTRE**

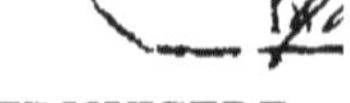

BULLETIN TRIMESTRIEL

de la

Société de Géographie

COMMERCIALE

De Nantes

NANTES

IMPRIMERIE C. MELLINET — BIROCHÉ ET DAUTAIS, SUCCʳˢ

5, Place du Pilori, 5

——

1908

BUREAU POUR 1908

MM.

Président.............	LINYER (Louis), avocat, rue Paré, 1.
Vice-Président........	CHOLET (Gustave), juge suppléant.
Vice-Président........	PORQUIER (G.).
Vice-Président........	Cnt LETOURNEUX.
Vice-Président........	Cel LEMOINE.
Secrétaire général.....	Dr HALGAN.
Trésorier.............	DAGAULT (E.).
Bibliothécaire........	Cnt LETOURNEUX.
Conservateur du Musée	DAGAULT (E.).
Secrétaire-Adjoint.....	DE PRÉAUDET

COMITÉ CENTRAL

MM. BIGAULT DE CASANOVE.
CEINERAY.
CHOLET.
Dr CRIMAIL.
DE CAUMONT.
DAGAULT (E.)
Dr HALGAN.
Cel HUGÉ.
Lt LAMOUCHE.
LAROCQUE.

MM. Lt DE LAVENNE DE LA
MONTOISE.
Cel LEMOINE.
Cnt LETOURNEUX.
LINYER.
PORQUIER (G.)
RÉVÉREND.
TRÉMANT.
VINCENT (A.)

La Société ne prend sous sa responsabilité aucune des opinions émises soit par les conférenciers, opinions reproduites dans les compte rendus, soit par les auteurs des articles insérés dans son Bulletin.

Il sera rendu compte, autant que possible, des ouvrages adressés en double exemplaire à la Société.

La *Bibliothèque* de la Société est ouverte à tous les Sociétaires tous les jours, excepté le dimanche et les jours fériés, de 1 h. à 4 h.

Pour tous renseignements relatifs à la Société, prière de s'adresser au siège social, 34, rue de la Fosse.

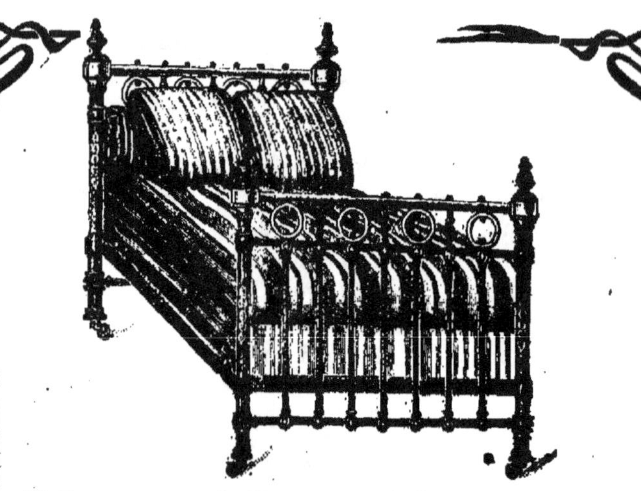

Plumes, Duvets
Laines et Crins

Maison spéciale de Literie

E. GUYON

7, Quai Cassard (près de la Girafe) NANTES

Sommiers élastiques et métalliques
Matelas, Couvertures Laines et Cotons
Couvre-Pieds, Édredons Américains, etc.

Lits Fer et Cuivre
Lits Fer -- Lits Cage

Réfection de Sièges, Sommiers et Matelas

Ateliers et Appareils spéciaux

pour l'Assainissement par **la Vapeur**
de tous Objets de **Literie** et **Vêtements**

LA MEILLEURE MARQUE

26e ANNÉE   1908   3e TRIMESTRE

BULLETIN TRIMESTRIEL

de la

Société de Géographie

COMMERCIALE

De Nantes

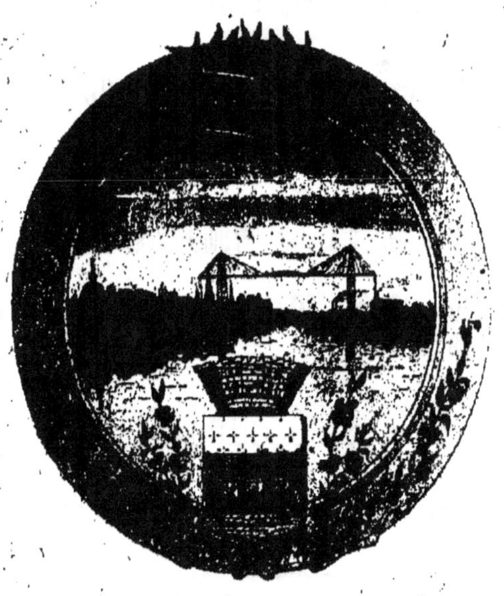

NANTES

IMPRIMERIE C. MELLINET — BIROCHÉ ET DAUTAIS, SUCCᵣˢ

5, Place du Pilori, 5

1908

BUREAU POUR 1908

MM.

Président	LINYER (Louis), avocat, rue Paré, 1.
Vice-Président	CHOLET (Gustave), juge suppléant.
Vice-Président	PORQUIER (G.).
Vice-Président	Cⁿᵗ LETOURNEUX.
Vice-Président	Cᵉˡ LEMOINE.
Secrétaire général	Dʳ HALGAN.
Trésorier	DAGAULT (E.).
Bibliothécaire	Cⁿᵗ LETOURNEUX.
Conservateur du Musée	DAGAULT (E.).
Secrétaire-Adjoint	DE PRÉAUDET

COMITÉ CENTRAL

MM. BIGAULT DE CASANOVE.	MM. Lᵗ DE LAVENNE DE LA
CEINERAY.	MONTOISE.
CHOLET.	Cᵉˡ LEMOINE.
Dʳ CRIMAIL.	Cⁿᵗ LETOURNEUX.
DE CAUMONT.	LINYER.
DAGAULT (E.)	PORQUIER (G.)
Dʳ HALGAN.	RÉVÉREND.
Cᵉˡ HUGÉ.	TRÉMANT.
Lᵗ LAMOUCHE.	VINCENT (A.)
LAROCQUE.	

La Société ne prend sous sa responsabilité aucune des opinions émises soit par les conférenciers, opinions reproduites dans les compte rendus, soit par les auteurs des articles insérés dans son Bulletin.

Il sera rendu compte, autant que possible, des ouvrages adressés en double exemplaire à la Société.

La *Bibliothèque* de la Société est ouverte à tous les Sociétaires tous les jours, excepté le dimanche et les jours fériés, de 1 h. à 4 h.

Pour tous renseignements relatifs à la Société, prière de s'adresser au siège social, 34, rue de la Fosse.

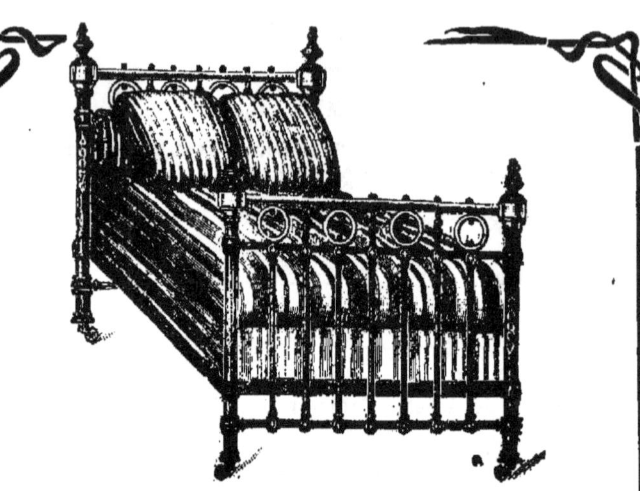

Plumes, Duvets
Laines et Crins

Maison spéciale de Literie
E. GUYON
7, Quai Cassard (près de la Girafe) **NANTES**

Sommiers élastiques et métalliques
Matelas, Couvertures Laines et Cotons
Couvre-Pieds, Édredons Américains, etc.

Lits Fer et Cuivre
Lits Fer -- Lits Cage

Réfection de Sièges, Sommiers et Matelas

Ateliers et Appareils spéciaux
pour l'Assainissement par **la Vapeur**
de tous Objets de **Literie** et **Vêtements**

LA MEILLEURE MARQUE

26ᵉ ANNÉE   1908   4ᵉ TRIMESTRE

BULLETIN TRIMESTRIEL

de la

Société de Géographie

COMMERCIALE

De Nantes

NANTES

IMPRIMERIE C. MELLINET — BIROCHÉ ET DAUTAIS, SUCCᵗˢ

5, Place du Pilori, 5

—

1908

BUREAU POUR 1908

MM.

Président............	LINYER (Louis), avocat, rue Paré, 1.
Vice-Président........	CHOLET (Gustáve), juge suppléant.
Vice-Président........	PORQUIER (G.).
Vice-Président........	Cⁿᵗ LETOURNEUX.
Vice-Président........	Cᵉˡ LEMOINE.
Secrétaire général.....	Dʳ HALGAN.
Trésorier.............	DAGAULT (E.).
Bibliothécaire.........	Cⁿᵗ LETOURNEUX.
Conservateur du Musée	DAGAULT (E.).
Secrétaire-Adjoint.....	DE PRÉAUDET

COMITÉ CENTRAL

MM. BIGAULT DE CASANOVE.
CEINERAY.
CHOLET.
Dʳ CRIMAIL.
DE CAUMONT.
DAGAULT (E.)
Dʳ HALGAN.
Cᵉˡ HUGÉ.
Lᵗ LAMOUCHE.
LAROCQUE.

MM. Lᵗ DE LAVENNE DE LA
MONTOISE.
Cᵉˡ LEMOINE.
Cⁿᵗ LETOURNEUX.
LINYER.
PORQUIER (G.)
RÉVÉREND.
TRÉMANT.
VINCENT (A.)

La Société ne prend sous sa responsabilité aucune des opinions émises soit par les conférenciers, opinions reproduites dans les compte rendus, soit par les auteurs des articles insérés dans son Bulletin.

Il sera rendu compte, autant que possible, des ouvrages adressés en double exemplaire à la Société.

La *Bibliothèque* de la Société est ouverte à tous les Sociétaires tous les jours, excepté le dimanche et les jours fériés, de 1 h. à 4 h.

Pour tous renseignements relatifs à la Société, prière de s'adresser au siège social, 34, rue de la Fosse.

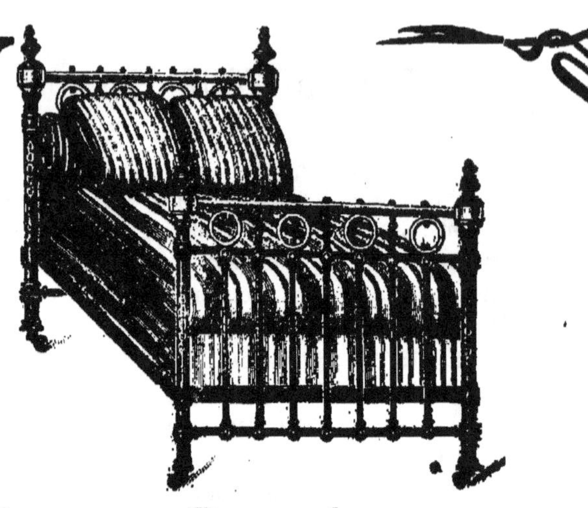

Plumes, Duvets
Laines et Crins

Maison spéciale de Literie

E. GUYON

7, Quai Cassard (près de la Girafe) **NANTES**

Sommiers élastiques et métalliques
Matelas, Couvertures Laines et Cotons
Couvre-Pieds, Édredons Américains, etc.

Lits Fer et Cuivre
Lits Fer -- Lits Cage

Réfection de Sièges, Sommiers et Matelas

Ateliers et **Appareils** spéciaux

pour l'Assainissement par **la Vapeur**

de tous Objets de **Literie** et **Vêtements**

LA MEILLEURE MARQUE